7개국 일상생활 체험, 시민사회 관찰 여행기

행복사회유럽

초판 1쇄 발행 2016년 8월 22일

저자   정기석
펴낸이   구주모

편집책임   김주완
표지   이종현
표지   서정인
마케팅   정원한

펴낸곳   도서출판 피플파워
주소   (우)513-20 경상남도 창원시 마산회원구 삼호로38(양덕동)
전화   (055)250-0190
홈페이지   www.idomin.com
블로그   peoplesbooks.tistory.com
페이스북   www.facebook.com/pepobooks

ISBN   979-11-86351-07-9 (03920)

이 도서의 국립중앙도서관 출판예정도서목록(CIP)은 서지정보유통지원시스템 홈페이지(http://seoji.nl.go.kr)와
국가자료공동목록시스템(http://www.nl.go.kr/kolisnet)에서 이용하실 수 있습니다. (CIP제어번호 : CIP2016018654)

7개국 일상생활 체험, 시민사회 관찰 여행기

행복사회유럽

정기석 지음

차례

사람이 행복한 공화국, 사람이 먼저인 공동체

하마터면 지상낙원으로 착시할 뻔했다. 이 나라 밖을 처음, 그것도 선진 서양문물의 원산지 유럽을 직접 목격한 충격은 강했다. 유럽에 태어나 살고 있는 유럽인 모두가 부러웠다. 조국을 등지고 유럽 타국에 빌붙어 사는 분쟁국의 난민들조차 샘이 날 지경이었다. 특히 독일, 오스트리아, 스위스는 풍광이나 경관부터 놀랍다. 온 국토가 마치 생태공원의 겉모습을 하고 있다.

유럽은 이토록 경이로우면서도 당황스럽게 다가왔다. 수백 광년 떨어진 외계의 별나라에 불시착해 겪는 비현실처럼. 그 속을 좀 들여다봐도 마찬가지다. 보이는 겉모습과 다를 게 없었다. 유럽의 마을공동체와 지역사회는 민주적이고 합리적이고 창조적이다. 협동과 연대의 공동체 시스템이 작동되고 있었다. 겉모습도 유치하거나 천박하고 겉과 속이 다른 경우가 적지 않은 한국과는 차원과 등급부터 다른 세상이었다.

독일의 메르켈 총리가 지지받는 이유를 현지인에게 묻자 돌아온 짧은 대답으로 유럽이 사람 사는 사회가 된 이유가 충분히 납득이 되었다. '유럽다움, 또는 유럽스러움'이 뭔지 바로 이해가 되었다.

"그녀는 합리적이다. 권위적이지 않다."

행복사회 유럽에서 불행사회 한국으로 강제송환

2014년 봄에 유럽의 농촌 마을공동체를 둘러봤다. 이어 2105년 겨울에는 유럽의 도시 지역사회를 돌아봤다. 유럽발 비행기가 인천공항으로 귀환할 때마다 어김없이 화병과 갑갑증이 재발했다. 이른바 '유럽의 마을공동체 및 지역사회 일상생활 체험연수' 끝에 재회한 조국의 일상과 현실이 병의 원인이다. 이유 없이 지연되고 서로 뒤엉긴 수화물부터 찾기 어려웠다. 한국 공기업의 수화물 관리자는 남의 일이라는 듯 무책임했다.

줄이 길게 늘어선 활주로 이동 열차를 새치기해 올라타는 이도 반드시 한국인이었다. 차 안에서 계속 휴대폰으로 떠드는 이도 역시 한국인이었다. 별로 급하거나 중요한 내용도 아니었다. 시외버스터미널의 매표원도 틀림없이 퉁명스러웠다. 직업인으로서의 소명의식은 커녕 "일이 하기 싫어 죽겠는데 먹고 살려니 할 수 없이 한다"는 태도였다. 보도며 화단이며 천지사방에 각종 쓰레기가 뒹굴었다. 불특정 다수의 평균적 한국인들의 소행이 분명해 보였다.

바로 전날까지 머물렀던 유럽에선 좀처럼 볼 수 없는 몰상식하고 볼썽사나운 풍경들이 눈앞에 가득 파노라마처럼 펼쳐졌다. 이다지도 한국적인 후진국형 일상과 환경, 그리고 봉변과 낭패 앞에 바로 낙담하고 절망하곤 신음처럼 한숨을 내뱉었다. 흡사 불가항력의 공권력에 의해 조국에 강제송환된 반체제 망명객의 불쾌함과 불안감이 엄습했다. 그 순간 인천공항 로비에서 빅브라더의 환청마저 들렸다.

"위험사회 한국, 절망사회 한국, 불행사회 한국에 다시 돌아온 걸 환영합니다. 당신은 한국에서 태어났으니 한국에서 내내 살다 결국 한국에서 죽어가야 할 운명을 지닌 재수 없고 불행한 한국인이라는 사실을 한시도 잊지 말기 바랍니다."

유럽의 일상에서 '농부의 나라'로 가는 탈출구를

태생적으로, 만성적으로, 그리고 필시 반영구적으로 가난한 귀농인 주제에 지난 두 차례의 유럽행은 재정적으로 다소 무리였다. 하지만 사명감과 목표의식을 내세워 현실의 곤궁함과 타협했다. 한국 사회의 일상에 더 지치거나, 더 늙고 병들어 육체가 무너지기 전에 결행해야 한다고 스스로 설득하고 강박했다. 무엇보다 책이나 뉴스에서 보고 듣던 대로 유럽은 어떻게, 그토록 행복한 사회가 될 수 있었는지 너무 궁금해 참을 수가 없었다. 또 유럽인들은 정말 그렇게 행복한 생활을 하고 있는지 TV나 영화 속에서가 아니라 직접 육안으로 확인하고 싶었다.

그래서 관광객들이 떼로 몰려다니는 명소와 관광지, 여행객들이

독일 슈베비쉬할 생산자조합에서 운영하는 유기농 식당

돈을 쓰러 오는 명품샵이나 면세점은 피했다. 물론 그럴 생각도, 그 럴만한 돈도, 시간도 없었다. 단지 '사람이 행복한 공화국, 사람이 먼 저인 공동체, 유럽의 진면목'을 더, 가깝게 체험하고 학습할 수 있도 록 연수와 여행의 동선을 정했다. 미리 그 나라, 주요 지역의 지도를 사서 꼼꼼히 동선을 표시하고 사전 정보를 수집해 예습해둔 것은 물론이다. 그리고 스스로에게 만만치 않은 숙제와 책무를 부과했다.

문화와 예술, 자유와 평화, 협동과 연대, 자주와 자립, 이타심과 공 동체 의식, 신뢰와 질서, 생태주의와 생명사상 등 역사적 자산이 넘 치는 유럽을 마음껏 느끼고 오라고. 아울러 사회적 자본과 사회 안 전망이 바탕이 된 정치, 경제, 사회, 문화의 창조적인 패러다임과 공 정한 시스템으로 작동하는 '사람이 먼저인 행복한 민주사회 유럽'을 머리와 가슴에 담아오라고.

그리하여 필생의 숙원으로 삼고 있는 '농부의 나라'의 실증적 실천 모델을 유럽사회에서 공부하고 발견하고 개발하려는 목적이었다. 농민과 도시민, 농민과 노동자, 농민과 국민이 서로 협동하고 연대하는 사람 사는 한국사회의 출구를 찾아보려는 욕심이었다. 결과적으로 유럽의 농촌, 유럽의 도시에서 소기의 목적 이상을 달성했음은 물론이다. 더도 덜도 말고 독일, 오스트리아, 스위스 등 유럽처럼만 하면 '농부의 나라'가 꿈이 아닌 현실의 일이 될 수 있겠다는 확신이 든 것이다.

사회적 자본과 사회 안전망이 행복사회 유럽의 동력

결론적으로, 그리고 확정적으로 단언하자면, 오늘날의 유럽을 '행복사회'로 이끈 동력은 사회적 자본Social Capital과 사회 안전망Social Safety Net의 힘이다. 유럽의 정치인들과 유럽의 시민들은 어떤 훌륭한 법이나 정책이나 제도 이전에 탄탄한 사회적 자본과 촘촘한 사회 안전망부터 먼저 갖추어두었던 것이다. 책이나 논문을 통해서가 아니라 유럽의 농촌과 지역사회 현장에서 직접 체득한 진실이자 진리다.

오늘날 한국사회에서 벌어지는 이른바 마을공동체사업, 사회적 경제, 사회운동 등의 단면을 살펴보면 실감 나게 깨달을 수 있다. 왜 법이나 정책 이전에 사회적 자본과 사회 안전망이 먼저 준비되어야 하는지. 불행히도 오늘날 우리 마을과 지역사회에는 공동체사업을 추진, 견인할 만큼 사회적 자본이 충분하지 않다. 지난날 산업화, 공업화, 도시화 개발독재 시대에 농촌과 지역의 자본과 자산을 중앙과 도시가 수탈, 농촌 지역사회의 공동체조직이 와해되고 공동체 규범이 훼손되었기 때문이다.

게다가 한국의 근현대사를 돌이켜보면 학교에서든, 가정에서든, 사회에서든 공동체가 주체적으로, 창조적으로 사회적 자본을 배우고 축적할 기회나 시간이 많지 않았다. 신뢰와 협동보다 불신과 경쟁이, 규범과 네트워킹보다는 위법과 이기주의가 국가와 사회의 질서를 지배했기 때문이다. 그래서 농촌공동체 재생과 활성화를 하려면 사회적 자본부터 새로, 충분히 발굴, 개발, 육성, 축적해야한다. 그것도 특정 지역 내부, 일부 집단 사이의 폐쇄적, 배타적, 고립적 '결합Bonding 사회적 자본'보다는 다른 지역, 외부인 등과 열린 생태계에서 소통하고 협업할 수 있도록 '연결Bridging 사회적 자본'과 '관계Linking 사회적 자본'의 플랫폼과 네트워크를 구축해야 한다.

그런데 '사회적 자본'은 그냥, 저절로 생성되거나 축적되지 않는다. 국가나 정부가 국민을 충분히 돌보고 보살피지 않는다면, 그래서 국민들 저마다 각자 알아서 가족을 돌보고 가계를 책임져야 한다면 사회적 자본은 생산되지 않는다. 최소한 '먹고 사는 문제', '안전하게 사는 문제'는 국가와 정부가 책임을 져야 한다. 국가와 정부가 나서서 먼저, 국민들이 안심하고 서로 신뢰하고 협동하고 연대할 수 있도록 '모든 국민을 실업, 빈곤, 재해, 노령, 질병 등의 사회적 위험으로부터 보호하기 위한 제도적 장치로서 사회안전망'을 구축해놓아야 한다.

가령 기본소득제로 상징되는 사회안전망이 일단 구축되면, 공동체 구성원마다 서로 믿고 남을 도울만한 생활의 여유가 생겨 신뢰, 협동, 연대, 규범, 네트워크 같은 사회적 자본은 저절로 생성, 축적될 것이다. 그런 사회적 자본이 충분히 축적된 공동체는 얼마든지 자생적으로, 자조하고 자치해나갈 수 있을 것이다. 누가 시키지 않아도,

지금처럼 국가나 정부가 정책적, 행정적 시혜를 베풀지 않아도 능히 '남에게 먼저 양보하고 배려하는 사회적 분업을 통한 유기적 연대'를 이루어낼 수 있을 것이다.

행복사회 유럽보다 '행복사회 한국'에서 살고 싶다

이같은 사회적 자본과 사회 안전망을 바탕으로 유럽에서는 국가와 정부가 국민들을 돌보고 보살피며, 국민들은 서로 협동하고 연대하고 있다. 그 '행복사회 유럽'의 여로는 일단 런던에서 취리히로 이어지는 도시사회 일상생활 견문록으로 펼쳐진다. 인천공항에서 두바이공항을 경유해 런던 히드로공항에서 유럽을 만나, 체코의 프라하, 이탈리아의 로마와 베니스, 프랑스 파리를 거쳐 스위스의 취리히와 루체른에서 유럽과 헤어진다.

여기에 독일, 오스트리아 등 유럽 농촌공동체 연수기가 이어진다. 독일의 프랑크푸르트, 뮌헨, 하이델베르크, 프라이부르크, 그리고 오스트리아의 잘츠부르크, 인스부르크를 주로 둘러봤다. 라인강 너머 독일 같은 프랑스 스트라스부르그도 잠시 건너갔다. 주로 독일 바이에른 등 남부지역과 오스트리아 티롤 등 알프스 자락의 농촌 지역에 머물렀고 도시는 지나는 길에 스치듯 마주쳤다.

그곳의 낯선 지명들은 여전히 뒤섞이고 시공간의 기억은 이제 선명하지 않다. 하지만 독일, 오스트리아의 자연만큼 자연스러운 농촌 마을의 풍광은 여전히 태양의 빛이나 아침 이슬처럼 찬란하고 영롱하다. 그리고 국토와 국민의 먹거리를 지키는 자부심과 당당함으로 충만한 농부들의 인상은 아직 강렬하다. 농부들은 길에 휴지 한 장

함부로 버리지 않고 들판에 나무 한 그루 베어내지 않으며 호숫가에 가게 간판하나 세워놓지 않는다. 그래서 그들은 아름다운 농촌에서 사람 꼴을 하고 행복하게 살아간다. 어린 시절 탐독했던 안데르센 동화의 삽화처럼 유럽의 농촌 마을이 생생하고 그립다.

하지만 결국 나는 한국인이고 한국에서 태어나 한국에서 살아가고 있다. 유럽인이 아니다. 이변이 없는 한 한국을 떠나 유럽의 난민으로 전향할 수도 없을 것이다. 설사 유럽에서 사는 유럽인이나 코스모폴리탄의 신분이 된다고 한들 결코 행복한 유럽인은 될 수 없을 것이다. 그렇다면 오직 한국이 유럽처럼 행복한 국가와 사회로 부디 진화하고 진보하기를 염원할 뿐이다. 최소한 더 이상 과거보다, 현재보다 더 후퇴하거나 퇴보하는 어처구니없는 미래라는 난데없는 봉변만큼은 더 이상 겪지 않았으면 한다. '행복사회, 유럽'보다 '행복사회, 한국'을 더 간절히 원한다. 한국은 어쨌든, 나와 우리의 조국이기 때문이다.

영국

런던 병원에서 '한국 화병'을 치료하다
아름다운 아리안족 여의사와 환자체험여행을

인천공항을 떠난 지 하루 만에 영국 런던 히드로공항에 도착했다. 남의 땅인데, 초행길인데, 낯선 유럽에 들어서자 이상하게 마음이 편해졌다. 잠시나마 대한민국 국민이라는 숙명을 잊고 싶었다. 한국인으로서 고단한 일상과 무기력한 처지에서 얼른 벗어나고 싶었다.

설사 유럽에 망명을 한들 온전한 유럽인이 될 수는 없을 것이다. 하지만 어설픈 세계시민^{Cosmopolitan}이나 사해동포주의자 행세를 하고 싶었다. 솔직히 이번 여행의 가장 큰 목적이다. 관광 목적이 아니라 유럽인 일상체험, 그리고 자아치유 목적의 여행이었다고 주장하는 이유다.

나는 한국에서 태어나 지난 반세기 동안 한국에서 살아오면서 지치고 상처받은 현대 한국인의 표준이다. 단 며칠 만이라도, 그런 현대 한국인의 자아를 위로받을 수 있다면 이번 여행은 성공이다. 이미 백약이 무효인 듯싶은 '한국 화병'의 말기에 이르렀다는 자가진단을 내린 지도 오래다. 그래서 가난한 귀농인 처지이지만 유럽여행이라는 과소비 상품을 구매하는 용단을 내릴 수 있었다.

그 돈으로 한국에서 무엇을 사거나, 어떤 일을 벌이든 그만한 행복감이나 소득을 얻을 수 없다는 계산도 했다. 더 주저할 필요가 없었다. 그만큼 나는 절박했다. 그러니 그 돈의 장부상 계정과목은 여행경비가 아니라 차라리 심신 치료비라고 하는 게 타당할 것이다.

한국 화병이 유럽까지 따라오다

하지만 마음만큼 몸은 편하지 않았다. 첫날부터 9시간의 시차 때문에 좀처럼 잠을 이루지 못했다. 엎친 데 덮친 격으로 통증마저 밀려왔다. 익숙한 통증이었다. 1년 만에 통풍Gout이 재발한 것이다. 평소 만병의 원인은 화병이라고 믿는 편이다. 통풍도 결국 화병이 근본 원인일 것이다. 자꾸 화가 나니 술을 마시고, 건강도 따로 챙길 겨를이 없는 것이다. 한국의 일상에서는 용케 벗어났으나 한국의 화병이 유럽까지 따라오는 건 어쩔 수 없었다.

생각해보면, 여비를 아끼느라 두바이공항을 경유하는 에미레이트 항공을 이용한 게 화근이지 싶다. 좁은 이코노미석에 18시간 동안 묶여 있으니 짜증도 나고 화도 나면서 몸과 발이 탈이 난 것이다. 더 빠르고 편한 직항을 타지 않은 걸 잠시 후회했다. 하지만 선택의 여지가 없는 결정이었다. 가난한 여행객에게 직항보다 편도 40여만 원이 싼 항공권은 거부할 수 없는 매력적인 상품이니까.

순간 머리는 복잡해지고 마음은 착잡해졌다. 통풍이 뭔가. 바람만 스쳐도 아프다고 해서 통풍이라 부른다. 똑바로 서 있기조차 힘들다. 그런 발로 15박 16일 동안 유럽을 걸어 다니는 건 미친 짓이다. 미련한 짓이다. 터무니없는 미션임파서블이다. 나는 자신에게 단호하게 명령했다.

"어서 병원부터 가야만 한다. 최악의 경우 영국박물관이나 내셔널 갤러리을 못 가는 한이 있더라도 병원은 꼭 가야 한다. 통풍약을 반드시 구해야 한다. 아니면 너는 유럽에서 객사한다."

하지만 곧 당혹스럽고 난감해졌다. 여기는 한국이 아니라 대영제국의 심장, 산업혁명의 본토, 영국의 수도 런던 시내 한복판 켄싱턴Kensington이 아닌가. 그것도 예로부터 귀족들과 부자들이 주로 모여 산다는 부촌. 초행의 한국의 촌사람이 이런 곳에서 어떻게 병원을 찾아간다는 말인가. 요행히 물어물어 찾아간들 영국 의사에게 어떻게 증상과 고충을 설명한다는 말인가. 그것도 영어로.

게다가 평소 영국의 의료시스템에 대한 끔찍한 괴담을 들은 적이 있어 더럭 겁이 났다. 영국 병원은 모두 국영이고 의사는 공무원이고 치료비는 무료지만 그래서 더 끔찍하다는 뉴스를 본 적이 있다. 병원에서 치료 한번 받으려면 6개월에서 2~3년까지도 대기해야 한다는 해외 토픽을.

이게 1948년 도입된 영국의 국민건강보험NHS 때문이라고 한다. '요람에서 무덤까지' 보장한다며 가입자가 보험료를 내지 않고 100% 세금으로 운영된다. 빈부의 격차 없이 아픈 모든 국민은 누구나 공평하게 치료를 받을 수 있다. 그런데 왜 이 모양인가. 거짓말인가. 문제는 의료의 질이라는 비판이다. 제때, 제대로 치료받지 못해 사망하는 의료사고도 빈발한다. 캐머런 영국 총리조차 영국 의료제도가

켄싱턴 하이스트릿 거리

끔찍하게 실패했음을 자인할 정도다.

하지만 통풍의 고통에서 벗어나려면, 유럽을 둘러보려면 영국 병원을 피할 수 없었다. 그때, 스위스에서 간호사로 일하는 지인이 떠올랐다. 급히 페이스북 메시지로 "아픈 통풍과 위험한 영국 병원으로부터 나를 좀 살려달라"며 급전을 보냈다. 순간 페이스북이라는 '한계비용 제로'의 아주 편리한 문명의 이기를 개발한 마크 주커버그에게 감사했다.

영국의 병원은 끔찍하지 않다, 아름답다

"런던입니다. 영국 등 유럽에서 통풍약을 구하려면 당연히 병원 처방이 있어야겠지요? 몇 년 복용하다 지난 1년 안 먹었는데 장시간 비행 불편 때문인지 왼쪽 엄지발가락에 통증이. 붙이는 파스로 약간의 진통 효과는 있지만 근본적으로 그 약을 먹어야 하는데 방법이 있을지요?"

답신은 복음처럼 바로 날아왔다. 나는 다시 한 번 페이스북을 개발한 마크 주커버그에게 감사의 마음을 전했다. 이번에는 마음 깊은 곳에서 우러났다.

"일단 호텔에서 방법을 물어보고 약국을 찾아 사정해 보세요. 여행자이며 약이 필요하다고. 혹시 처방전이 필요하면 한국에 도착하여 메일로 보내주겠다구요. 장기복용 약인데 잊고 여행을 떠났다고 말씀해 보세요."

나는 스위스의 간호사가 시키는 대로 했다. 마침 호텔에서 가까운 전철역High Street Kensington 상가에 약국Boots-Beauty&Pharmacy이 있었다. 가는 동안 통풍 'Gout'이라는 단어를 수십 번도 더 되뇌었다. '고우트, 고우트, 고우트…' 약국 문을 들어서면서 나는 최대한 처량한 표정으로 읍소하기 시작했다. 발은 좀 더 과장되게 쩔뚝거렸다.

"그러니까, 에, 또, 마, 여차저차해서, 나는 보시다시피 한국에서 온 여행자다. 유노, 투어리스트, 그런데 여차저차해서, '고우트' 때문에, 통풍약을 처방전 없이 좀 얻을 수 없겠느냐, 아시다시피 지나가는 여행객이라 병원에 갈 시간도 안 되고, 뭐, 어쩌고저쩌고…"

지난 50년 동안 수험용 말고는 실생활에서는 별로 사용해본 적이 없는 영어보다는 손짓 발짓이 훨씬 더 전달력과 호소력이 있었다. 불편한 표정으로 한참 듣고 있던 약사는 마침내 고개를 끄덕거렸다. 그리고 퉁명스럽게 대답했다.

"처방전 없이는 약을 단 한 톨도 줄 수 없다. 그리고 '고우트'가 아니고 '가우트'가 아닌가."

무정하고 야속한 인도계 약사는 영어발음이 시원치 않다는 듯 면박까지 주는 게 아닌가. 빈정과 자존심이 동시에 상한 나는 혼잣말로, 한국어로 투덜거리며 돌아섰다.

"같은 유색인종, 아시아 시민들끼리 이럴 것까지야. 자기도 어차피 영국 표준 발음은 아니면서…"

그 순간 약사가 나를 돌려세웠다.

"병원은 여기서 멀지 않다. 한 정거장 전이다. 걸어서 10분 거리에 얼코트Earl Court 전철역 옆에 얼코트 메디컬센터가 있다. 당신 같은 여행자들이 가면 바로 진료받을 수 있을 것이다."

약사가 시키는 대로 얼코트 메디컬센터를 찾아갔다. 영국 최초 공공 에스컬레이터가 설치됐다는 명소인 얼코트 전철역 옆이라 찾는 데 그리 어렵지 않았다. 구글 지도 검색이면 충분했다. 나는 구글

얼코트 메디컬센터

지도를 발명한 천재에게도 아낌없이 경의를 표했다. 일부러 큰길을 피하고 골목을 통하는 지름길로 찾아갔다. 런던의 골목 풍광과 주로 빨간 벽돌로 건축한 전통주택을 감상하는 여유까지 부리며.

영국 병원은 끔찍하지 않았다. 최소한 여행자인 내가 직접 체험한 영국 병원은 그렇다. 병원 접수창구의 직원들은 친절했다. 병원 의사도 친절했다. 그리고 모두 인도계 영국인들이다. 그것도 전형적인 아리안족 미녀들이다. '고우트'를 '가우트'로 고

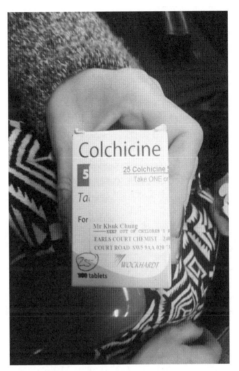

통풍약 Colchicine

쳐 발음하기까지 몇 번이나 다시 귀찮게 물어본 것을 빼면 모든 게 순조로웠다.

나중에 한국에 돌아가면 환급해 준다는 50파운드의 진료비를 지불하고 무사히, 최선의 처방전을 얻을 수 있었다. 통풍약 '콜히친' 25정을 약국에서 받아들고 나는 안도의 한숨을 내쉴 수 있었다. 마음도, 몸도 편해졌다. 그리고 영국이, 런던이, 유럽이 좋아졌다. 친절하고 아름다운 여의사의 조국, 인도는 물론.

런던의 물가를 미술관, 극장에서 보상받다
영국박물관 구경이 공짜인 이유는 슬프다

영국 런던은 물가가 비싸다. 날씨도, 공기도 좋지 않다. 사람이 생활하기 좋은 도시는 아니다. 런던에 대해 품고 있는 선입견이다. 거기에 자본주의와 제국주의의 발상지, 영국이라는 국가 이미지도 그리 유쾌하지 않다. 부조리하고 비인간적인 자본주의 체제에 내내 시달려온 피해자 입장에서 바라보는 편견을 감출 수 없다. 축구의 종주국이라면서 정작 축구 실력이 시원치 않은 점도 못마땅하다.

개인적으로는 유럽 국가임에도 '대영제국'에 대해서는 그리 호감이 크지 않다는 말이다. 그래서 굳이 이번 유럽 여행의 동선에 영국은 끼워 넣고 싶지 않았다. 무엇보다 섬나라 신세나 마찬가지인 한국을 벗어나면서 굳이 또 갑갑한 섬나라에 들어가고 싶지 않았다. 가급적 동서남북으로 사통팔달 자유롭고 광활하게 펼쳐지는 유럽대륙의 호연지기를 마음껏 느끼고 싶었다.

하지만 숙고 끝에 런던을 첫 번째 여행지로 정했다. 한 번쯤은 가볼 만하다는 생각이 들었다. 런던에 영국박물관, 내셔널갤러리가 있다는 게 결정적 이유다. 흔히 대영박물관이라고 부르는 영국박물관은 세계 3대 박물관이고, 내셔널갤러리는 영국 최대의 미술관이다. 무엇보다 그 두 곳을 비롯해 런던의 대다수 박물관, 미술관 구경이 공짜라는 고급 정보는 매력적이었다.

거듭 강조하자면, 이번 유럽 여행의 기본 콘셉트는 '소요유逍遙遊'이다. '소요유'란 〈장자〉에 나오는 개념으로. '마음 가는 대로 유유자적하며 노닐 듯 살아감'을 뜻한다. 비록 짧은 시간이지만, 잘 보전된 유럽의 역사와 문화를, 마치 유럽인처럼 '유유자적하며 노닐듯' 목격하고 체험하려는 게 여행의 주목적이다. 그러자면 그 나라의 박물관, 미술관부터 우선 둘러볼 필요가 있다. 그리고 유럽인들의 전통, 관습, 일상생활이 진하게 묻어있는 공원, 광장, 시장, 골목, 고택, 대중교통, 선술집Pub 등을 잇는 동선을 벗어나지 말아야 하는 것이다.

살인적으로 비싼 런던에서 런더너Londoner가 살아가는 묘책

런던의 물가, 생활비는 세계 최고 수준이다. 오죽했으면 현 정부의 차관이 런던에서 못 살겠다며 사표를 내고 낙향을 했겠는가. 그 차관의 연봉은 2억 원이 넘는 수준이다. 하지만 런던 시내에서 수백만 원에서 1천만 원이 넘는 주택 월세를 감당하지 못했다. 평당 7억 원이 넘는 주택도 흔하다고 한다. 가히 살인적인 물가다.

나도 첫날부터 런던의 살인적인 물가를 호되게 체험했다. 런던의 살인적인 물가에 의해 살인을 당하지 않으려 나름대로 조심했으나 소용없었다. 런던의 첫날밤 저녁식사가 문제였다. 그 가격에 그렇게 작은 방 크기를 보니 4성급 켄싱턴 클로즈Kensington Close 호텔의 석식은 아무래도 비쌀 게 뻔했다. 조심스레 호텔 뒷문을 빠져나왔다. 어두운 하이스트릿 켄싱턴 거리에서 정처없이 식당을 찾았다.

하지만 만만한 식당은 잘 보이지 않았다. 부자들이 사는 동네라 그런지 고급 레스토랑만 눈에 들어왔다. 테이크 어웨이 스시 바가 만만해 보였으나 내키지 않았다. 유럽에 왔으니 유럽 음식을 먹어야지, 그것도 유럽에서 첫 만찬이니 어느 정도 구색은 갖춰서. 마침 전철역 상가 안에 다소 허름해 보이는 작은 카페가 눈에 띄었다. 적당한 곳인지 확신은 들지 않았으나 선택의 여지가 없었다. 배도 고프고 다리도 아프고 무엇보다 날이 어두웠다.

불안하고 불편한 심정으로 레시피를 잘 이해할 수 없는 메뉴판을 살펴보다 레시피가 가장 단순해 보이는 음식을 시켰다. 유럽의 식당에서는 먹는 물도 돈을 받으니 하우스 와인 두 잔도 물 대신 시키고. 그 단순한 레시피의 음식은 홍합요리였다. 다 먹고 계산서를 받아들고 영국의 식당을 잘 모르는 스스로를 자책하고 후회했다. 도합 45파운드가 나왔다. 한국 돈으로 7만 7000원 정도. 서비스요금 12.5%까지 따라붙었다.

한국에선 그 돈이면 고급 뷔페를 갈 수 있었을 텐데. 먹고 나니 배는 더 고팠다. 심지어 아프기까지 했다. 나중에 알아보니 그 식당은 그리 만만한 식당이 아니었다. 런던의 유명한 맛집이라는 빌스Bill's카페의 체인점 가운데 하나였다. 다시는 그 근처를 얼씬거리지 않았다.

그리고 이런 원초적인 의문이 들었다. 도대체 런던 시민들은 어떻게 살아가나. 외국 유학생들에게도 "학비만큼 생활비가 더 들어가니

켄싱턴 고급 주택가

영국의 국제난민구호단체 '옥스팜'에서 운영하는 재활용품 가게

각오하고 오라"는 런던이다. 자칫 택시를 잘못타면 하루 일당이 날아간다는 런던이다. 그런데 런던도 사람이 살아가는 곳이다. 런던시민들, 그러니까 '런더너'들이 살아가는 묘책은 따로 있었다. 런던 시민들은 런던에 살지 않는다고 한다.

런던에서 일하는 런더너들은 대부분 런던 교외에 산다. 런던으로 전철Undergronnd를 타고 1시간여 출퇴근한다. 서울 직장인들이 부천에서, 고양에서, 성남에서 서울로 출퇴근하는 것과 같다. 월급의 몇 배인 런던 시내의 주택 월세를 월급쟁이들이 감당할 수 없다. 런던은 일하는 직장이 있는 곳일 뿐 생활의 터전은 될 수 없다. 런던의 상점, 식당, 택시를 주로 이용하는 고객은 외국인 관광객이라고 한다. 아마도 현명하고 합리적인 런더너들은 한국 아름다운 가게의 벤치마킹 모델이 된 재활용품 가게 옥스팜OXFAM 같은 가게를 이용할 것이다. 이제 런던의 부동산도 외국인의 손에 속속 넘어가고 있다. 역시 자본주의의 고향, 영국의 수도답다.

그런데 현지인들조차 정주하지 못할 정도로 살인적인 물가에 시달리는 런던에 외국인 관광객들이 왜 자꾸 찾아올까. 인도를 비롯한 아시아, 아프리카 빈국에서 온 이방인들은 아예 눌러앉아 공부를 하거나 이민하는 경우도 많다. 그렇다면 런던에는 물가의 불편을 상쇄할 수 있을 만한 특별한 매력이 있지 않을까. 여행객 입장에서 보자면 문화적이고 역사적인 이유에서 런던의 매력을 발견할 수 있다.

영국박물관과 내셔널갤러리에서 비싼 물가를 보상받다

개인적으로는 영국박물관, 내셔널갤러리 단 두 곳을 구경하는 것만으로도 런던의 매력은 충분했다. 비싼 호텔비와 저녁밥 값을 충분히 보상받고도 남음이 있었다. 본전 생각이 나지 않았다. 우선 세계 3대 박물관인 영국박물관, 영국 최대 미술관인 내셔널갤러리는 모두 공짜다. 런던 시내의 대다수 박물관, 미술관은 공짜다.

만일 한국에서 영국박물관이나 내셔널갤러리의 값진 세계적 문화재, 명화들을 제대로 관람하려면 얼마나 지불해야 할까. 내셔널갤러리에만 명화가 2300점이 넘는다. 한국 특별전시회에는 그림 몇 점 달랑 걸어놓고 수만 원씩 입장료를 받지 않나. 현실적으로 가능하지 않은 일이니 값을 따지는 시도 자체가 부질없는 것이다. 값으로 따질 수 없다.

이렇게 박물관과 미술관을 무료로 개방하는 나라는 영국 말고는 없다고 한다. 박물관, 미술관뿐 아니다. 런던의 살인적인 물가를 보상받을 방법은 또 있다. 영국박물관을 나와 내셔널갤러리를 찾아가려면 자연스레 런던 웨스트엔드를 지나게 된다. 영국의 브로드웨이로 불리는 공연예술의 성지다.

피카딜리 서커스 거리, 코벤트 가든 거리마다 세계적인 오리지널 뮤지컬을 공연하는 극장이 즐비하다. 오페라의 유령, 맘마미아, 라이온 킹, 미스 사이공 등이 이곳에서 초연돼 세계로 퍼져나갔다. 연중 상시 공연하고 있다. 한국에서 보는 가격의 반의반 값 정도면 볼 수 있다.

오가는 시간을 빼면 한 도시에 머무는 시간이 하루 정도밖에 허락되지 않아 공연 관람은 그림의 떡이었다. 하지만 세계적 명작이 초연된 극장건물을 바라보는 것만으로도, 화려한 공연광고 간판을 감상하는 것만으로도 공연의 감동을, 런던의 매력을 느낄 수 있었다.

나에게 영국박물관은 우주 같았고 내셔널갤러리는 바다 같았다. 영국박물관은 영국의 흑역사다. 지난날 '해가 지지 않는' 대영제국의 호전적인 선조들의 전리품이다. 이집트, 그리스, 앗시리아, 중국 등 전 세계에서 약탈해 온 문화재의 전시장이다. 영국박물관에 정작 영국의 문화재는 없는 것이다.

그래서 영국박물관은 입장료를 받고 싶어도 받지 못한다. 입구에서 자발적인 기부금만 받고 있다. 자국 문화재가 일정 수 이상이 안되면 입장료를 받을 수 없다는 국제박물관헌장 규정 때문이라고 한다. 그 사연을 듣고 외침과 수탈의 역사에 찌든 극동의 작은 나라에

세계 3대박물관인 '영국박물관'

축구장 6개 크기의 '내셔널갤러리'

서 온 여행객의 마음은 아팠다.

영국 국립미술관 내셔널갤러리National Gallery는 명화의 전당이다. 르느와르, 클림트, 모네와 마네, 고흐와 고갱, 터너, 쇠라, 루벤스, 루소, 홀바인 등 학교 미술 교과서에서나 볼 수 있을 법한 대가들의 명작들이 아무렇지도 않게 한데 모여 있다.

사진을 찍지 말라고 하지만 고흐의 해바라기를 보고, 홀바인의 대사들을 보고, 모네의 수련을 보고 홀린 듯 사진 몇 장을 찍지 않을 수 없었다. 모두 60여 개의 전시실. 축구장 6개 넓이다. 그만큼 영국박물관과 내셔널갤러리의 시공간은 우주나 바다처럼 넓고 깊다.

일단 그 무지막지한 규모와 깊이에 나는 입구부터 이미 질려 있었다. 주눅이 잔뜩 들었다. 딱 아는 만큼만 보였다. 그러니 결국 많이 보이지 않았다. 도슨트의 안내나, 오디오 도우미도 있지만 그럴 시간이 없었다. 작정하고 일주일이나 열흘 정도 날을 잡아 돌아봐야 제대로 볼 수 있을 듯했다.

그럼에도 통풍으로 발까지 쩔뚝이며 영국박물관과 내셔널갤러리의 회랑을 바삐 돌아다녔다. 내셔널갤러리는 두 번이나 들어갔다. 하지만 들어갔던 방을 또 들어가는 등 예술에 홀려 미로를 자꾸 헤맸다. 명화의 신들에 치여 내내 술 취한 듯 비틀거렸다. 결국 100만분의 1밖에 구경하지 못했다.

그날 런던에서 나는, 영국박물관을 거쳐 내셔널갤러리를 빠져나와 석양이 지는 트라팔가 광장 한켠에 멍하니 서 있었다. 그때, 프랑스의 사상가 알렉시스 드 토크빌의 환청이 들렸다.

"모든 민주주의에서 국민은 그들의 수준에 맞는 정부를 갖는다."

런던에서는 차보다, 돈보다 사람이 먼저다
런더너들은 지하로, 2층으로 다닌다

"과연 내가 공항에서 숙소까지 전철 타고, 버스 타고, 걸어서 길을 잘 찾아갈 수 있을까?" 현지에서 가장 걱정한 건 대중교통 사정이었다. 한국에서도 낯선 도시에서 차를 제대로 잡아타고 길을 살피는 건 쉬운 일이 아니지 않은가. 하물며 유럽의 대도시에서야.

런던 히드로공항에 내리는 순간, 항공사 고객에서 졸지에 일개 배낭여행자 신세로 전락했다. 눈앞에 펼쳐진 공간은 온통 두려운 미지의 세계다. 자칫 차를 잘못 타서 엉뚱한 곳에 내리기라도 하면 국제미아 신세가 될 수도 있다. 현대사회는 도처에 사고나 사건이 도사리고 있는 위험사회다. 런던 현지에는 아는 사람도 없고, 도와줄 사람도 없다. 철저한 이방인으로서 마치 적진에 뛰어든 듯한 긴장감에 사로잡혔다.

입국 수속을 마치고 온갖 국적과 인종이 뒤섞인 혼잡한 공항 로비로 들어서자 걱정과 불안은 증폭했다. "뭘 타는 게 좋지? 몇 번 터미널로 가야 차를 탈 수 있지? 차표는 얼마짜리를, 어디서 사야 하지? 자동판매기에서 차표를 사야 하나, 이런 젠장, 어떻게. 현금으로 사야 하나, 카드로 사야 하나? 카드로 산다면 비밀번호는 몇 자리나 눌러야 하나?" 심장박동과 말과 발걸음은 나도 모르게 점점 빨라졌다. 아내도 상태가 크게 다르지 않다.

물론 사전 정보 조사나 마음의 준비를 전혀 하지 않은 건 아니다. 먼저 다녀온 여행 선배들이 제작한 각 도시의 여행지도를 따로 구했다. 지도를 방바닥에 펴놓고 전시 적진 침투 작전을 구상하듯 도상 훈련도 수시로 했다. 예정 행로 또는 희망 동선을 몇 가지 경우의 수로 설계해 머리에도 입력해 두었다. 구글 지도 검색으로 최적의 지름길을 찾아가는 기술도 익혔다. 하루에 9900원이나 지불해야 하는 무제한 데이터 사용 인터넷 로밍 서비스까지 신청했음은 물론이다.

하지만 근심, 걱정, 불안, 초조는 좀처럼 해소되지 않았다. 아무리 지도를 보고 인터넷 지도를 검색해봐도 별 소용이 없었다. 지도가, 인터넷이 아무리 열심히 지명을 알려주고 가는 길을 설명해도 마찬가지였다. 지도의 동서남북과 현지의 동서남북은 느낌이 다르다. 동이 서 같고 남이 북 같다. 설사 동네 이름을 숙지한다 해도 그게 어디쯤 붙어 있는 땅인지 분간이 돼야 제 발로 찾아갈 것 아닌가.

금시초문인 이국의 낯선 장소를 가리키는 지도, 한국처럼 '빨리, 빨리' 연결되지 않는 인터넷, 무엇보다 나의 철저하지 않은 방향 감각과 공간지각 능력을 좀처럼 신뢰할 수 없었다. 믿을 만한 방법, 최후의 비빌 언덕은 단 하나였다. 공항 인포메이션 센터.

소용없는 지도를 그만 가방에 접어 넣고 히드로공항 인포메이션

센터로 달려갔다. 그리고 다짜고짜 안내원 아주머니에게 숙소 약도를 들이밀며 이렇게 매달렸다.

"전철이나 버스를 타고 여기, 켄싱턴 클로즈 호텔을 찾아가려는데, 최선의 길을 좀 가르쳐 주세요. 길을 잃고 헤매지 않도록 런던을 잘 모르는 한국인인 나를 좀 구원해 주세요. 플리즈, 헬프 미, 플리즈."

런던 지하철역에는 '서브웨이'도, '튜브'도 없다

안내원 아줌마는 당황하지 않았다. 이런 한국인을 자주 접해본 표정이었다. 대수롭지 않게, 주저없이 지하철을 타고 갈 것을 권했다. 택시는 비싸고 버스는 시간이 많이 걸린단다. 믿음이 갔다.

"일단 파란색 피카딜리 라인을 타고 얼코트 역에 내려서 녹색 디스트릭트 라인으로 갈아타라. 한 정거장 더 가서 하이스트릿 켄싱턴 역에 내리면 된다. 역에서 10분쯤 걸어가면 호텔이 보일 것이다. 이게 가장 빠르고 좋은 방법이다."

다시 인터넷을 뒤져보니 구글 지도도 그렇게 설명하고 있었다. 같은 방법이었다. 체온이 있는 사람의 말은 믿음이 가도, 차가운 인터넷 기계어는 선뜻 믿지 못했을 뿐이다.

인포메이션 센터에서 티켓 구매 고민까지 단번에

해결했다. 티켓 자동발매기를 상대로 고된 시험에 들지 않아도 되는 것이다. 자동발매기라는 기계에서 카드를 충전할 자신도, 기술도 없었기 때문이다.

런던에 여행 오면 으레 선불제 오이스터^{Oyster} 교통카드부터 구입한다고 하던데 일단 편도 티켓을 끊었다. 첫날은 숙소밖에 더 돌아다닐 일도 없을 테니. 마음 가는 대로, 발길 닿는 대로, 그것도 하루종일 돌아다니고, 다음날 1인당 9파운드짜리 1일권을 끊으면 될 일이었다.

그런데 사방을 둘러봐도 지하철역이 눈에 띄지 않았다. 런던의 지하철은 한국처럼 서브웨이^{Subway}가 아니라 '튜브^{Tube}'로 불린다는 사실, 세계 최초의 지하철이라는 정도는 공부하고 온 터. 하지만 공항 로비를 아무리 둘러봐도 '튜브' 안내판은 보이지 않았다. 다시 인포메이션 센터를 찾았다.

"안내원 아줌마, 아무리 찾아도 지하철역이 안 보이는데요." 런던 아줌마는 참 딱하다는 듯 손가락으로 바로 눈앞의 안내판을 가리켰다. 언더그라운드. 그게 지하보도나 지하층이 아니라 지하철역이란다. 달랑 그렇게만 써 있다. '튜브'라는 단어는 어디에도 써 있지 않다.

유럽은 교통문화도 선진국답다. 지난해 독일에서 열흘 정도 머무는 동안 교통사고는커녕 단 한 건의 교통위반 사례도 목격하지 못했다. 충격적이었다. 보행자든 운전자든 교통법규를 어기지 않았다. 서로 합의해서 정해놓은 생활의 약속과 질서를 당연하다는 듯 철저히 준수했다. 그때, 독일 국민들이 무서워졌다.

독일에서는 신호등이 없는 횡단보도 앞에 서 있으면 모든 차들이 바로 멈추어 선다. 사람부터 먼저 건너가라는 신호다. 차가 아니라

사람이 먼저라는 것이다. 런던의 교통문화도 마찬가지다. 모든 도로에서 보행자에게 우선권이 있다. 인권이 우선이다. 심지어 무단횡단을 하다 사고가 나도 운전자가 더 많이 책임진다고 한다. 한국에서 50년 넘게 살면서 사람에게 길을 양보하는 차를 나는 본 기억이 없다.

런던 지하철은 세계 최초로 만들어졌다. 그 자체로 중요한 국가유산이고 문화재이며 관광명소다. 탈 거리 이전에 충분한 구경거리다. 1863년 1월 10일 메트로폴리탄 철도로 개통했으니 150살이 넘었다. 당시는 당연히 전철이 아니라 증기기관차였다. '언더그라운드The Underground'가 일반 명칭이지만, 굴착된 터널 모양에서 비롯된 튜브The Tube로 흔히 부른다. 일종의 별명이나 애칭인 셈이다.

런던의 지하철은 말 그대로 그물망처럼 촘촘하다. 런던 시내 지도를 보고, 지하철 노선도를 보고 내가 지레 겁을 먹은 이유다. 노선이 12개, 역은 268개, 총 길이는 408km에 달한다. '튜브'라는 오늘날 런던 지하철의 별명은 1900년 6월에 개통된 'Central London Railway'에서 유래했다. 바로 원통Tube 모양의 터널 때문이다.

한국 지하철에도 이런 애칭이 붙어 있다고 들었다. '지옥철'? 최근 들어 한국의 지하철 별명은 점점 지옥철로 굳어지는 듯하다. 특히 서울 9호선은 중국 베이징, 일본 도쿄의 그것과 함께 세계적 수준의 '지옥철'로 악명이 높다. 총연장이 900km가 넘어 세계 최장이고 출근길 혼잡도 역시 세계 최고 수준이다. 200%가 훌쩍 넘어간다. 노선 설계나 교통수요 예측을 잘못했다는 게 전문가들의 진단이다. 그런 기술적 문제보다는 교통문화나 시민의식이 더 큰 문제는 아닌지. 사람 보다 차가, 사람보다 돈이 먼저라고 생각하는 반인간적이고 반사회적인.

2층 버스를 안 탔다면, 런던에 간 게 아니다

튜브와 함께 런던의 대중교통을 분담하는 교통수단이 2층 버스 Double Decker다. 런던의 명물이자 상징물이다. 중세 고건축이 즐비한 런던 거리를 세련된 초현대식 '빨간' 2층 버스가 오가는 풍광은 낭만적이거나 동화적이다. 피카딜리 서커스 거리, 소호 거리를 걷다 보면 대도시의 도심이 아니라 마치 놀이공원에 놀러 온 아이의 기분이 된다.

하루종일 무제한 승차할 수 있는 1일권까지 있으니 2층 버스만 보면 자꾸 올라타고 싶어진다. 아마 런던에 가서 2층 버스를 한 번도 타지 않은 여행객은 단 한 명도 없을 것이다. 만일 있다면 그이는 런던을 여행하지 않은 셈이다.

그래서 나도 목적지와는 반대 방향임에도 기어이 2층 버스를 한번 타고 말았다. 역시 2층버스에서 내려다보는 런던 거리는 1층에서 본 런던 거리와 사뭇 다른 모습이었다. 1층에서 보는 런던은 대도시의 도심이었으나 2층 버스에서 본 런던은 도심이 아닌 놀이공원 같았다. 런던의 2층 버스는 좀 과장하자면, 대중교통이 아닌 어린이날 창경원에서 타 본 '메리 고 라운드'나 '대회전차' 같았다.

런던에서 2층 버스가 도시의 명물도 자리잡기까지 우여곡절이 있었다. 인건비 과다, 매연 배출, 장애인 안전 등의 문제로 2005년 1층 버스에 밀려 퇴출됐다. 2008년 런던올림픽 특수를 겨냥해 런던의 명물을 되살리려는 보리스 존슨 시장의 당선공약으로 부활했다. 친환경 하이브리드엔진으로 매연 배출도 절반 가까이 줄이고 장애인을 위해 휠체어 전용 출입문도 단 신차종을 채택했다.

그래서 그런지 2층 버스가 종횡무진 누비는 런던의 도심은 그리

장애인 휠체어 전용 출입문이 있는 2층 버스

복잡하지 않다. 복잡하지 않게 만드는 법과 제도 덕분이다. 일단 도심에 진입하려면 고액의 혼잡세Road Pricing를 부담해야 한다. 시민들이 대중교통을 애용할 수밖에 없다.

교통 진정기법Traffic Calming도 한몫하고 있다. 물리적 방법으로 차량속도를 조절해 교통량을 감소시키는 방법이다. 도심에서는 시속 30km 이상 주행하지 못한다. 덕분에 영국은 OECD 가입국 중 교통사고 사망률이 가장 낮다. 한국의 절반 이하 수준이다. 모두 '차보다 사람의 보행권과 인권을 우선하는' 인간적인 제도 덕분이다.

한국에서도 2층 버스가 잠시 돌아다닌 적이 있다. 2015년 말부터 경기도에서 2층 버스를 몇 달 시범 운행한 적이 있다. 서울로 진입하는 수도권 광역버스 입석 금지 조치에 따른 후속 대책으로 대용량 교통수단의 대안으로 시도해본 것이다.

하지만 성과는 부정적이라고 한다. 2층 버스에는 미처 부합하지 않는 현행 도로교통법 등이 일단 문제라는 판단이다. 하지만 법이나 제도보다 시민의식과 교통문화의 장벽이 더 높고 견고하지는 않았을까. '사람보다 차나 돈이 늘 먼저인 이런 나라'에서는.

런던의 공원은 평화롭고 광장은 자유롭다
탑골공원과 광화문광장에서 공유지의 비극을 멈추라

개인적으로는 서울특별시 같은 대도시를 '난민촌'이라 부르곤 한다. 먹고 살려고 고향을 떠나 몰려든 '난민'들이 모여 사는 생활공간이기 때문이다. 그런 대도시에 가면 공원이나 광장 같은 공유 공간에 유독 관심과 눈길이 많이 간다. 자기 땅 한 뼘 없는 대도시 난민들에게 그나마 숨통을 틔워주고 위안을 주는 공유지이기 때문이다.

하지만 그곳에서 도시 난민, 또는 시민들의 행복한 일상과 안락한 휴식은 잘 볼 수 없다. 대신 공원마다, 광장마다 우울하고 을씨년스런 풍광과 장면들이 점유하고 있다.

누구나의 것이면서 누구의 것도 아니라서, 결국 아무것도 아닌 '공유지의 비극'이 일상적으로 연출되고 있다.

서울 탑골공원은 노인들이 연중 상시 독점하고 있다. 노인들은 공원 안팎을 정처 없이 배회하며 남은 세월을 탕진하고 있다. 노인들을 상대로 육체와 영혼을 상거래하는 '박카스 할머니'들도 넘친다. 부산 용두산공원도 마찬가지다. 졸시 〈용두산엘레지〉로 안타까운 심정을 내뱉은 적이 있다.

　　누구나, 아무나, 누군가의 자식이라면
　　부산에 갈 일이 있다면
　　용두산공원을 한 번쯤 들여다보는 게 좋겠다
　　이유는 묻지 말고 아무튼, 그냥 그러는 게 좋겠다

　　기왕이면 시내버스를 타고 자갈치시장 앞에 내리는 게 좋겠다
　　남포동, 광복동 거리를 파노라마처럼, 만화경처럼
　　도보로, 아주 인간적인 속도로 무심코 스쳐 지나는 게 좋겠다
　　그러다 점점 용두산 자락으로 스며들거나 접어들기를 권한다

　　가서 보면, 용두산공원에는 늙은 부산이 한상 잘 차려져 있다
　　근현대사에 시달린 햇볕에 찌든 벤치마다
　　부산의 낡은 노인들이 녹슨 너트와 볼트처럼 잘 접착돼 있다
　　태고의 잿빛 양치식물 군락지를 빈틈없이 이루고 있다
　　이승으로부터 철저히 은폐 엄폐하고 있다
　　쏜살같은 세월에 인기척을 내지 않으려 숨을 죽이고 있다
　　나락으로 휩쓸리지 않으려 이기적으로 기를 쓰고 있다
　　그저 온종일 죽치고 앉아 있다
　　이제 갈 준비를 하고 있다
　　가난한 사람만 찍어대는 최민식 씨가 무차별적으로 찍어놓은
　　가난한 부산사람들이, 용두산공원 이곳저곳을 점거하고
　　마치 월세를 몇달 밀리지 않은 세입자의 자신감으로
　　은근히 찝쩍거리거나 치근대고 있다

오십년도 더 된 활엽수 낙엽같은 흑백 사진 속에서
이다지도 변함없이 찢어지게 가난하게
여전히 근무 중 아무 이상조차 없이
오로지 근면성실하고 용모단정한 영혼의 신분으로
말년의 간빙기를 날건달처럼 서성대고 있다

한국의 공유지에는 비극적인 엘레지만 울려 퍼진다

오늘도 시청 앞 광장이나 광화문광장에는 무소불위의 국가권력을
상대로 기약 없는 노숙투쟁이 힘겹게 이어지고 있다. 세월호 유족
들, 비정규직 노동자들. 그리고 저마다 기가 막힌 억울한 사연들을
비수처럼 가슴에 품고 시민들이 광장으로 내몰리고 있다.

한국에서는 시민들이 산책하고 휴식하고 위안받아야 할 공원, 광
장 같은 공동체 공간이 점점 소외의 음지나 투쟁의 전장으로 전락하
고 있다. 그런 공원과 광장을 바라보고 있으면 공유지의 비극이라는
숙제가 저절로 떠오른다. 비감해진다.

공원이 80개가 넘는다는 공원의 도시 런던에서 공원과 광장을 스
칠 때마다 어김없이 그 숙제는 떠올랐다. 런던을 상징하는 관광명소
켄싱턴공원이나 트라팔가 광장에서 그저 유유자적한 구경이나, 산책
이나, 휴식에 몰입할 수 없었다.

공유지라는 말은 영국의 역사에서 비롯되었다고 한다. 사전적 의
미는 말그대로 한 사회의 구성원이 공동으로 소유권을 가지고 이용
하는 공간을 뜻한다. 봉건제가 지배한 영국에서 비롯된 용어다. 영
주의 장원에 있는 미개간지를 소작인들이 공동으로 방목지나 땔감

채취지로 공유할 수 있게 했다는 것이다.

그런데 15세기 중엽 이후 영주나 대지주가 중소 농민들이 공유하던 농지를 사유화하는 인클로저 운동을 감행한다. 중소 농민들은 농업 노동자나 공업 노동자로 전락한다. 농촌 붕괴의 비극, 도시 난민촌화, 국가 양극화의 비극이 여기서 배태되었다.

영주나 정부가 소유하고 남은 공유지는 주로 시민들이 여가생활을 위해 이용하는 공공토지가 되었다. 지방자치단체가 사용하거나 도시의 광장, 녹지로 변했다. 그리고 유럽에서도, 아메리카 등 유럽의 식민지에서도 공유지의 비극이 발생했다.

공유지는 소유권이 설정돼 있지 않는 공유자원이라 과다하게 사용되면서 훼손되거나 고갈되고 말았다. 미국의 미생물학자 하딘G. Hardin은 1968년 〈사이언스지〉에 발표한 'The Tragedy of the Commons'라는 논문에서 공유지의 비극을 처음 제기했다. 공유지의 비극은 소유권을 명확히 하거나 세금을 부과하면 막을 수 있다는 것이다.

런던의 공원은 평화롭고 광장은 자유롭다

그런데 공유지의 역사적 원조, 런던에서 공유지의 비극은 좀처럼 목격하기 어려웠다. 공원은 평화로운데다 자연스러웠고 광장은 자유롭고 활기찼다. 런더너들이 공유지를 과다하게, 함부로 사용해 훼손하거나 고갈한 비극의 흔적은 발견되지 않았다.

관찰자의 입장에서 관광객들과 런더너들이 적당히 뒤섞인 런던의 공원과 광장은 산책, 휴식, 만남, 토론, 심지어 시위 등 여가생활의 장으로서 공유지 본연의 기능을 충분히 하고 있는 것처럼 보였다.

다이애너비가 살던 켄싱턴궁전의 정원, 켄싱턴 공원

런던은 녹지가 전체 도시 면적의 1/4을 차지한다. 공원 때문이다. 공원의 도시라 부를 만하다. 서울은 공원녹지 면적이 28%를 차지하고 있어 오히려 런던보다도 높다. 하지만 런던의 녹지와 서울의 녹지는 질이 다르다. 런던의 녹지는 시민의 주거단지, 생활공간과 인접해 있다. 하지만 서울의 공원녹지는 70% 이상이 외곽 지역에 몰려 있다. 시민들의 생활현장과 멀리 떨어져 있거나 너무 높은 곳에 있다.

나는 런던의 수많은 공원 가운데 켄싱턴 가든스^{Kensington Gardens}와 홀랜드 파크^{Holland Park} 두 곳을 가 보기로 했다. 런던을 떠나는 날 오전 일정은 전적으로 공원 산책에 집중하기로 작정한 것이다. 트라팔가광장이야 런던의 중심이고 무엇보다 내셔널갤러리 앞마당이니 안 가볼 도리가 없는 곳이고.

그 두 공원을 정한 이유는 단순하다. 일단 숙소에서 가깝기 때문이다. 숙소에서 10여분 거리의 주택가 옆에 붙어 있는 근린공원이다. 그만큼 런던 시민들의 생활터전은 공원 등 녹지공간과 밀착해있다. 특히 켄싱턴공원을 가면 서로 연결된 하이드파크도 먼발치서나마 조망할 수 있으리라 기대했다.

이름조차 낯선 홀랜드 파크는 페이스북에서 만난 생면부지의 교포 페친이 권유했다. 런던에 아주 특별한 숨은 명소가 있다며, 아무나 알려주는 게 아니라며 적극 추천했다.

"보통 관광 오면 하이드 파크, 그린 파크 등에 가는데 홀랜드 파크라는 숨은 명소는 잘 모른다. 홀랜드 파크에서 하루 산책 하면서 영국 사람들 사는 모습을 구경하면 좋겠다. 줄리아 로버츠와 휴 그랜트가 나오는 그 영화의 그 노팅힐도 가깝다. 홀랜드 파크는 아주 특별하다. 런던에는 수많은 공원이 있지만 나는 단연 '홀랜드 파크'를 꼽는다. 주변에 노팅힐 마켓이 가까이 있어 공원도 구경하고 이곳저곳 둘러보기도 좋다."

런던을 떠나는 날 아침, 페친의 간곡한 권유대로 없는 시간을 쪼개 홀랜드 파크에 가 봤다. 그리고 사람마다 취향은 다를 수 있다는 사실을 새삼 깨달았다.

다이애나비의 살림집 켄싱턴궁의 정원, 켄싱턴공원

켄싱턴공원은 초입부터 분위기가 살벌했다. 자칫 입구를 잘못 찾은 줄 알고 되돌아 나갈 뻔했다. 입구부터 자동소총으로 무장한 경비병들이 삼엄한 경비를 서고 있다. 런던 최상류층이 산다는 고급주택가라 그런가보다 했는데 이유는 따로 있었다.

켄싱턴공원을 경비하는 게 아니라 공원 안에 있는 켄싱턴궁을 지키는 병사들이다. 켄싱턴궁전Kensington Palace는 1605년부터 영국 왕실의 궁전으로 사용된 왕가의 공식 거처다. 한때 다이애나 왕세자비도 여기서 살림을 살았다고 한다. 궁전에는 지금 왕세손 부부가 살고 있다. 그 경비병들은 최상류층 부자들 재산이 아니라 영국왕실의 안전과 존엄을 지키고 있는 것이다.

켄싱턴궁의 정원인 켄싱턴공원에는 구경거리가 많다. 1794년 앤 여왕이 만든 오란제리오렌지 온실 카페와 애프터눈티영국 홍차, 조니 뎁과 케이트 윈슬렛 출연한 영화 '네버랜드를 찾아서'의 촬영지, 빅토리아 여왕 부군인 알버트 공 기념비와 클래식 공연장 로열 알버트홀, 그리고 사람을 무서워하지 않는 백조와 오리가 사는 맑은 호수. 하지만 나는 넓고 넓은 켄싱턴공원의 한 귀퉁이, 빙산의 일각밖에 보지 못했다.

켄싱턴궁전의 안주인, 다이애나비 초상화

트라팔가광장에서 세월호참사 진상규명 시위가 열린다

서울의 시청앞광장, 광화문광장에 해당하는 게 트라팔가광장 Trafalgar Square일 것이다. 런던 웨스트민스터에 있는 광장으로 1805년 트라팔가르 해전을 기념하여 만들었다. 넬슨 제독의 기념비가 런던의 수호신처럼, 광화문광장의 이순신장군 동상처럼 우뚝 서 있다.

특히 높이 4m의 초대형 파란색 수탉상이 인상적이다. 영국 해전의 승전을 기념하는 트라팔가광장에 전쟁 상대국 프랑스를 상징하는 조각상이라니. 그것도 퍼런 눈을 똑바로 뜨고 넬슨 제독을 마주 바라보고 있다. 독일인 여성 미술가 카타리나 프리치의 작품이라 한다. 작가의 변은 분명하다. 넬슨 제독, 사자상 등 역사적 조각상으로 둘러싸인 광장의 남성적인 분위기를 풍자하는 취지라는 것. 풍자는 풍자일 뿐이라는 것이다.

트라팔가광장에는 사람이 많다. 내셔널갤러리 앞이라 더욱 그럴 것이다. 정치연설을 하는 사람이 많고 주말마다 다양한 집회가 열리는 것으로 유명하다. 지난해 이 광장에서 세월호 참사의 진상규명과 책임자 처벌, 재발방지시스템의 구축을 촉구하는 침묵시위가 열렸다.

참가자들이 한글과 영어로 '가만히 있으라Stay Put' 피켓을 들고 침묵시위를 벌이고 전단지를 뿌렸다. 런더너들과 세계 각국 관광객들의 공감을 크게 얻었다고 한다. 시민들에게 광장이라는 공유지가 필요한 분명한 사례이자 이유다. 지상에서나마 이렇게 호소한다.

"한국 정부는 평화로운 공원과 자유로운 광장을, 안전하고 쾌적한 여가생활의 공유지를 시민들에게 허하라."

넬슨 제독 기념탑이 솟대처럼 서 있는 트라팔가광장

체코

프라하에 가면 누구나 동화나라 보헤미안이 된다
체코 맥주의 세계화는 한식처럼 정부가 나선 게 아니다

퀸의 '보헤미안 랩소디'는 불후의 명곡이다. 1980년대 초 대학 앞 음습한 지하다방에서 보헤미안 랩소디를 백만 번쯤 들었다. 프레디 머큐리의 절규에 가까운 열창을 듣고 나면 묵은 체증이나 응어리가 좀 풀렸다.

그때 그 시절, 당시는 암울했고 미래는 막막했다. 지루하고 무서운 하루하루를 겨우 버티던 힘을 그 노래에서 얻곤 했다. 지하다방 구석자리에서나마 자유로운 보헤미아의 하늘을 훨훨 날아다니는 그날이 오기를 간절히 꿈꾸었다.

이번 여행을 준비하면서 가장 설렌 나라는 단연 체코다. 보헤미아Bohemia다. 역사적으로 보헤미안, 또는 집시의 얼과 한이 서린 체코의 서북부 지방을 가리킨다. 기원전 4세기부터 기원후 1세기까지 보이오하이뭄^{Boiohaemum}이라는 켈트 계통 부족이 이 지역에 거주한데서 유래한 이름이다.

신성로마제국의 수도 프라하 여행은 필생의 숙원이었다. 〈참을 수 없는 존재의 가벼움〉, 또는 〈프라하의 봄〉의 그 드라마틱한 프라하. 프란츠 카프카, 라이너 마리아 릴케, 밀란 쿤데라의 그 문학적인 프라하. 바츠라프 하벨의 그 혁명적인 프라하. 볼프강 아마데우스 모차르트와 드보르작의 그 음악적인 프라하. 그 역사적인 프라하의 오래된 거리를 걸으며 보헤미안 랩소디를 듣다가 느닷없이 줄리엣 비노쉬를 마주치는 환상에 몇 번 시달린 적이 있다.

보헤미아로 망명을 꿈꾸던 자유인, 프라하에 입성하다

영국 런던에서 에어버스를 타고 2시간 만에 체코 프라하공항에 도착했다. 시차 때문에 런던의 대낮은 프라하의 한밤으로 돌변했다. 젊은 날 꿈꾸던 망명지인 보헤미아에 첫발을 내딛는 순간 흥분하고 감격했다. 비록 바츠라프 하벨 프라하공항 로비에는 보헤미안 랩소디가 울려퍼지지 않았지만, 프라하의 봄의 히로인 줄리엣 비노쉬는 마중 나오지 않았지만 말이다. 그녀를 만나면 이렇게 서로 주고 받을 체코어 인사말도 철저히 준비했는데,

"줄리엣, 도브리 덴^{Dobry den, 안녕}, 제꾸이^{Dekuji, 고마워}."

대신 프라하공항의 모든 안내판에 한국인들을 특별히 환영하려는 듯 한글이 병기되어 있다. 안내판엔 영어조차 없는데 체코어, 러시아어 다음에 한글이 새겨져 있다. 그래서 순간 착각하고 방심했다. 체코인들은 한국을 참 좋아하는구나, 체코 거리에서 길을 찾기는 어렵

중세 동화나라 같은 프라하 시가를 누비는 프라하 시민들의 발, 트램

지 않겠구나, 안내판과 이정표만 잘 따라다니면 되겠구나.

그러나 큰 착각이었다. 체코 거리의 모든 이정표는 체코 사람들만 읽을 수 있도록 오직 체코어로만 쓰여 있다. 세계 공용어인 영어조차 단 한 줄도 없다. 체코어를 모르면 장님이나 마찬가지다. 프라하 공항 안내판이 한글로 쓰여진 건, 한국인에 대한 배려가 아니라 단지 대한항공 때문이다. 체코 국영항공Czech Airlines 지분을 40% 넘게 인수한 대주주 자본의 위력 때문이다.

공항을 빠져나와 프라하 도심에 이르려면 무시무시한 관문을 통과해야 한다. 지하철역 에스컬레이터를 타는 일이다. 거의 지하철만큼 빠른 속도로, 그것도 까마득한 깊이의 가파른 경사를 오르내린다. 지하철역을 빠져나오면 마음을 좀 놓아도 된다. 지상 도심에서는 주로 느린 트램Tram, 전차을 상대하면 된다.

프라하 도심은 중세의 동화나라나 영화촬영장을 재현해 놓은 듯하다. 초행의 한국인 눈에는 에버랜드나 롯데월드가 겹쳐진다. 그런 도시경관이 비현실적으로까지 느껴진다. 마치 타임머신을 타고 피안의 세계로 순식간에 건너온 시간여행자 기분이 된다. 과장이나 거짓말이 아니다.

특히 중세의 거리를 종횡무진 누비는 프라하 시민의 발, 트램을 마주칠 때마다 나는 1970년대로 돌아갔다. 엄마 손을 잡고 노량진에서 영등포 시장으로 전차를 타고 장 보러 가던 유소년 시절로 회귀했다. 영등포 시장통의 연흥극장이나 영보극장에 신성일, 최무룡, 박노식, 윤정희, 남정임, 문희가 나오는 영화를 보러 갈 때 올라타던 전차가 떠올랐다. 그때 우리 집은 가난했고 나는 어렸고 전차는 느렸지만, 참 좋은 시절이었다. 그립다.

블타바강 유역에 펼쳐진 프라하 시가지는 광장과 골목이 적당히

어우러져 아기자기하다. 걸어서 한나절 도보여행이 얼마든지 가능할
정도로 인간적인 규모다. 트램, 지하철 등 대중교통 노선도 복잡하지
않다. 메트로 티켓 한 장으로 하루종일 무제한으로 타고 돌아다닐
수 있다. 물가도 싸다.

그러나 한밤에 도착한 첫날의 프라하는 제 모습을 보여주지 않았
다. 낯선 도시의 밤길을 돌아다닐 시간도, 담력도 없었다. 숙소부터
찾느라 허둥지둥했다. 역시 프라하의 동서남북도 한국의 동서남북과
많이 달랐다. 프라하의 1km는 한국의 1km보다 더 먼 듯했다.

프라하공항에서 버스를 타고, 지하철을 갈아타고 도착한 안델Andel
역을 나서자 밤이 깊어 인적마저 드물었다. 멀리 차가운 네온사인만
요란했다. 안델지구는 신흥 비즈니스 지구로 구시가지와 달리 호텔,
금융기관, 쇼핑몰 등 현대식 건축물이 즐비하다.

영어를 잘 못하는 것으로 알고 있는 체코인이지만 지나가는 아무나 붙잡고 역시 잘 못하는 영어로 길을 물어볼 수밖에 없었다. 분명히 안델Andel호텔을 물어봤는데, 알려준 곳을 찾아가니 엔젤Angel 호텔이었다. 체코인들의 영어 수준은 거의 내 영어 수준이라는 사실을 현장에서 확인한 이상 다른 방법이 없었다. 두 번의 시행착오를 할 수는 없었다.

보헤미안 맥주·돼지족발 안주를 보헤미안 선술집에서

비장의 무기, 스마트폰 구글 지도를 다시 꺼내 들었다. 안델 호텔 프론트데스크에 도착하자마자 배고픔을 호소했다. 하지만 아무리 배가 고파도 프라하에 왔는데, 보헤미아에 왔는데 아무 음식이나 먹을 수는 없는 노릇이다.

"배가 고프다. 근처에 전통 보헤미안 스타일의 오래된 맛집이 있다면 알려다오. 물론, 세계 최고의 맥주, 체코의 명품 맥주, 필스너 맥주를 먹을 수 있는."

호텔 매니저가 알려준 대로 찾아간 식당은 트라디체Tradice. 체코어로 전통, 관습이라는 뜻이다. 간판에는 필스너 우르켈Pilsner Urquell 표시도 선명하다. 우르켈이라는 단어는 체코에서 생산한 오리지널Original 필스너 맥주임을 나타내려 굳이 붙인 상표다. 독일식 필스너와 구분하기 위해 체코식 보헤미아 필스너로 부르기도 한다. 맥주 하나에 체코인의 자부심이 대단하다.

한국에서도 어느 지방을 가든 술집이나 식당 분위기를 척 보면 알아채는 경지에 이른 나로서는, 일단 트라디체 식당의 첫인상부터, 겉

모습부터 믿음이 갔다. 식당 안으로 들어가면서 믿음은 확신으로 바뀌었다. 내가 찾던 바로 그 보헤미안 스타일의 전통식당이다.

일단 자유분방해 보이는 보헤미안들이 테이블마다 삼삼오오 차지하고 마치 서로 싸우듯 웃고 떠들고 있었다. 물론 필스너 맥주잔을 하나씩 끼고. 근심도 걱정도 없는 행복한 체코인의 일상 풍경이다. 만취해 주정을 부리는 손님은 눈에 띄지 않았다. 여느 한국인들처럼 술을 퍼 마시고 취하는 게 목적이 아니라 그저 좋은 친구, 이웃들과 함께 시간을 보내는 게 주목적인 듯 보였다.

마땅히 필스너 맥주부터 시켰다. 1842년 체코 필젠에서 세계 최고의 보헤미안 황금빛 보리로 만든 세계 최초의 황금빛 라거맥주로, 특유의 쌉쌀함과 달달함이 조화를 이룬 맛으로 유명하다. 나 같은 통풍 환자에게 맥주는 쥐약이지만 전혀 아랑곳하지 않았다. 필스너 맥주의 맛과 통풍의 통증쯤은 얼마든지 맞바꿀 수 있다는 각오였다. 메피스토펠레스에게 영혼을 판 파우스트의 심정으로 보헤미안들이 먹던 맥주를 들이켰다. 극락의 맛이었다.

보헤미안 맥주의 세계화는 한식처럼 정부가 나선 게 아니다

필스너 맥주의 감동은 시작에 불과하다. 백미는 보헤미안 스타일의 안주들이다. 특히 콜레노Koleno는 압권이다. 돼지 넓적다리를 숙성하여 구워낸 체코식 돼지족발이다. 체코에 오면 반드시 먹어야 하는 보헤미안 지방의 대표 음식이다.

독일 뮌헨의 세계 최대 맥주홀 호프브로이하우스에서 우연히 맛본 독일 바이에른식 돼지족발 '슈바인 학센'의 맛을 잊지 못한 터. 개

프라하 시가

인적으로는 바이에른식 돼지족발보다 보헤미안식 돼지족발이 더 입
에 맞는다. 물론 독일보다 값도 더 싸고.

거기에 체코 프라하를 잊지 못하게 만드는 맛의 결정판은 '글루 바
인Gluh wein'이다. 영어식으로는 멀드 와인Mulled wine. 전혜린이 뮌헨 슈
바빙의 추운 겨울날 점심식사 대신 마셨다는 바로 그 '끓인 와인'이
다. 프랑스 등에선 감기약 대용으로 마신다고 한다. 한국인들이 감
기 기운을 물리치려 즐겨먹는 쌍화탕이나 쌍화차의 약효와 크게 다
르지 않다. 와인에 오렌지나 레몬, 계피, 정향 같은 향신료, 꿀을 넣
어 끓여 만든다.

나는 프라하성으로 올라가는 가파른 네루도바 거리에서 프라하의
겨울 한기를 만났다. 목도리도 하지 않은 무방비 상태에서 이국의 모

진 감기와 맞닥뜨렸다. 그때 단돈 50코루나CZK, 한국돈으로 2000원
짜리 멀드 와인을 파는 가게가 눈에 띄었다. 사막에서 오아시스를
만난 기분이 그럴 것이다. 그 한잔의 와인으로 체코의 감기를 거뜬
히 물리쳤다.

　세계적인 맛의 보헤미안 맥주와 안주를 먹으면서 한식세계화 사업
에 매달리고 있는 조국의 속사정을 생각했다. 떡볶이, 비빔밥, 전통
주, 김치 등 4가지 음식을 정해놓고 매년 수백억 원의 예산을 투입하
고 있다. 그러나 돈을 들인 만큼 뚜렷한 성과가 없다. 심지어 한식세
계화 사업은 지난 이명박정부의 국책사업으로 무리하게 추진하면서
'영부인 사업'이라는 의심과 오명까지 뒤집어쓰고 있다.

　합리적이고 현명하고 냉정한 세계인들은 한국 정부가 억지로 급조
해 강요하는 듯한 한식에 관심이 없다. 맛도 낯설다. 세계 최고의 보
헤미안 음식, 필스너 맥주와 콜레노는 체코 정부가 나서서 억지로
세계화한 게 아니다. 세계인들이 먹어보니 맛이 좋아서 저절로 세계
화한 것이다.

프라하의 겨울에서 '혁명의 봄'을 느낀다
프라하성 창문 밖으로 집어던지고 싶은 사람이

프라하는 늘 봄이다. 내게는 그렇다. 기상학적으로야 2월의 프라하는 마땅히 겨울이다. 거리에는 동유럽의 찬바람이 행인들을 매섭게 다그친다. 블타바^{Vltava} 강의 서정과, 카를^{Karl} 교의 서사를 유유자적 관조하기에 좋은 날씨는 아니다. 두꺼운 외투와 목도리를 하지 않고는 선뜻 거리로 나설 엄두가 나지 않는다.

하지만 나는 겨울의 프라하에서 굳이 '프라하의 봄'을 만끽하려 애를 썼다. 수시로 카페에 들러 끓인 와인으로 한기를 쫓아가며 프라하의 '따뜻한 기운'을 오장육부로 느끼려고 기를 썼다. 1980년대 젊은 날, 나의 정신과 영혼을 사로잡은 한 편의 영화를 프라하의 시공간 이곳저곳에서 마음껏 추억하고 싶었다.

〈프라하의 봄〉. 줄리엣 비노쉬와 다니엘 데이 루이스, 레나 올린

블타바 강에 가로놓인 카를 교

등 매력적인 명배우들이 공연한 추억의 영화. 영화뿐 아니라 체코의 망명작가 밀란 쿤데라의 〈참을 수 없는 존재의 가벼움The Unbearable Lightness Of Being〉 원작 소설만으로도 충분히 인상적이다. 오직 그 영화 한 편과, 그 소설 한 편 때문에 프라하는 내게 '영원한 봄'의 도시로 각인되었다.

참을 수 없이 짧고 가벼웠던 〈프라하의 봄〉

〈프라하의 봄〉은 1968년 체코슬로바키아에서 일어난 민주화운동 이야기다. 젊고 잘 생기고 능력 있는 의사 토마스는 자유분방하다. 인생을 '참을 수 없이 가볍게' 살아간다. 반면 아내 테레사의 삶의 태도는 진지하다. 줄리엣 비노쉬 특유의 깊이 있는 표정을 떠올리면 된다. 진지한 아내는 자유로운 남편의 '가벼움'을 견딜 수 없다. 게다가 역시 자유로운 화가인 사비나와 오랜 불륜 관계이기까지.

1968년 체코슬로바키아의 지도자가 된 알렉산드르 드부체크 서기장은 두려움 없고, 자유로운 사회주의를 프라하 시민들에게 약속했다. 개혁파로 불리며 '프라하의 봄'을 열었다. 하지만 '봄'은 소련의 침략으로 7개월 만에 단명하고 만다. 토마스와 테레사는 스위스로 도망가지만 서로 애증과 갈등에 시달리다 프라하로 돌아온다.

그때 프라하에서 테레사와 토마스를 기다리고 있던 건 자유가 아니었다. 가혹한 소련의 숙청작업이었다. 자유도, 직업도, 재산도 다 빼앗기고 농촌으로 쫓겨난다. 그들 앞에 남아 있는 건 오직 생물학적인 죽음뿐이다.

그 영화를 보고 나서 나는 당시 조국의 현실과 체코슬로바키아 수도 프라하의 현실을 자꾸 혼동했다. 영화와 소설과 현실이 뒤죽박죽이 되어 기분이 엉망이 되고 말았다. 너무나 가벼운 도시생활의 거부감, 국가권력에 대한 무기력함, 자유를 향한 갈망, 농촌 또는 태어난 곳에 대한 향수 같은 미묘하고 복잡한 감정과 감상에 사로잡혔다. 이후 나라는 인간과, 나의 일상을 특징짓고 있는 주요한 성질이 그때 집중적으로 형성된 것이다.

천년 동안 건축한 프라하성에는 대통령이 산다

프라하에서 나는 〈프라하의 봄〉의 강력한 인력과 자기장에서 좀처럼 벗어날 수 없었다. 숙소가 있는 안델지구에서 22번 트램을 타고 프라하성 밑 정거장까지 가서 네루도바 언덕길을 걸어 올라가면서도 마찬가지였다. 마침내 프라하 성 문 앞에 이르러서야 비로소 〈프라하의 봄〉의 영향력을 겨우 떨쳐버릴 수 있었다.

일단 프라하성 앞에 서면 다른 생각을 할 수 없다. 잡념이 들지 않는다. 사원이나 수도원을 접하는 경건하고 성스러운 기분이 된다. 오로지 프라하성의 존재감 자체에만 집중하게 된다. 성의 품격과 역사성의 무게에만 저절로 주목하게 만든다. 가볍고 들뜬 관광객일수록 진지하고 차분하고 겸손하게 만든다.

성의 규모와 위용 자체부터 압도적이다. 멀리서 쳐다볼 때부터 벌써 기가 죽고 들어간다. 프라하 블타바 강 서쪽 언덕을 온통 차지하고 있다. 넓이가 7만㎡, 길이가 570m, 폭이 130m에 이른다. 기네스북에 세계에서 가장 큰 고성으로 등재되어 있을 정도다. 그래서 체코의 상징이라 불린다. 체코공화국 국민의 자존심이자 자긍심이라는 말이겠다.

프라하성의 지하감옥

'천년왕궁'이라는 별칭으로도 불린다. 9세기에 성 비투스 대성당 Basilica of St. Vitus을 지은 이래 20세기인 1927년에 비로소 완공되었기 때문이다. 시공에서 준공까지 1000년 넘게 걸린 셈이다.

특히 14세기 카를4세의 전성기를 거쳐 20세기 초에 이르기까지 로마네스크, 고딕, 바로크, 르네상스 등 다양한 유럽의 건축양식을 한 장소에서, 한꺼번에 보는 호사를 누릴 수 있다. 성 비투스 성당을 비롯해 구 왕궁, 이르지 수도원, 황금소로, 왕실정원 등 단순히 성채로서의 건축물에 그치지 않는다. 하나의 작은 도시를 이루고 있다. 건축학을 모르면 점점 답답해진다.

그동안 수많은 체코의 왕들은 물론 신성로마제국의 황제들이 이 천년왕궁에 머물며 천년제국과 천하를 다스렸다. 오늘날 일부 성채는 체코공화국의 대통령 집무실로 사용하고 있다. 그 마당 안으로 누구나 자유롭게 드나든다. 승효상 건축가가 '봉건적 건축'이라 비판하는 한국 대통령의 집무실과는 차원과 격이 다르다. 보초 서고 있는 근위병들은 무섭지 않다. 동화나라 장난감 병정처럼 만만해 보인다.

프라하성 창문 밖으로 집어던지고 싶은 사람이 있다

그만큼 프라하성에는 역사적으로 중요한 볼 거리와 이야깃거리가 풍성하다. 그 중에서도 가장 인상적이었던 건 한 창문이다. 1618년 30년 전쟁이 촉발된 '프라하 창문 투척 사건'의 그 창문이다. 종교 탄압에 항의하던 개신교 귀족들이 국왕의 섭정을 20m 아래 성의 창 밖으로 집어던진 사건이다.

프라하성 '창문 투척 사건'의 역사적 창문

　사건의 빌미는 보헤미아 왕위에 취임한 페르디난트가 제공했다. 왕
이 되자 보헤미아의 종교를 가톨릭으로 선언하고 개신교를 탄압했
다. 분노한 보헤미아 귀족과 백성들이 보헤미아의 수도 프라하로 몰
려갔다. 마침 페르디난트는 신성로마제국 황제로서 합스부르크 왕조
의 본거지인 오스트리아의 빈에 있어 화를 피할 수 있었다.

하지만 흥분한 개신교 귀족들은 국왕을 대신해 보헤미아를 다스리던 섭정과 비서관을 3층 창문 밖으로 집어던져 버렸다. 창문 밖 건초 더미에 떨어져 기적적으로 목숨을 건진 이들은 오스트리아의 빈으로 달아났다. 역모 보고를 받은 페르디난트는 전쟁을 선언한다. '창문 투척 사건'은 국제 전쟁으로 번지게 되고 독일은 30년 동안 초토화한다.

어쩌면 괴담 같기도 하고 전설 같기도 한 이야기다. 20m 성문 밖으로 떨어졌는데 죽지 않고 살아 남았다니. 믿거나 말거나 같은 이야기다. 어쨌든 그 무시무시한 창문 앞에 서서 프라하 시가를 바라보며 나도 모르게 무서운 생각을 했다. 지금 창문 밖으로 집어던져 혼을 내주고 싶은 사람이 몇 있다는.

무서운 생각에서 어서 빠져나와 어느 후미진 골목에 접어들었다. 작은 골목 안으로 관광객들이 줄을 지어 몰려 들어간다. 나도 모르게 작은 탄성을 질렀던가.

"아, 그래, 카프카."

16세기에 세워진 11채의 작은 집들이 모여 있는 장소가 '황금소로'다. 22호 파란벽 집이 카프카의 작업실이다. 마치 만화에 나오는 스머프의 버섯집이 연상된다. 백설공주와 일곱 난장이가 행복하게 살았을 법도 하다. 중세에 황금을 만드는 연금술사들이 모여 살았다고 그렇게 불린다는데 전설이나 낭설에 지나지 않는다는 게 정설인 듯하다.

금박을 만드는 가난한 금세공 장인들과 성채를 지키는 수비대원들이 살았다는 설은 믿을 만하다. 성벽에 붙어 있는 작은 집들의 위층은 전부 요새화해 있다. 복도에 즐비하게 전시되어 있는 중세의 무기와 갑옷들은 그 사실을 증거한다.

황금소로를 지나 카를교를 건너니 '혁명과 용서의 광장'이

프라하성 언덕을 내려와 프라하 동쪽 구시가지로 넘어가려면 블타바 강을 건너야 한다. 14세기에 축조된 가장 아름다운 돌다리, 카를교로 건너면 된다. 500m의 길이에 30여 개의 성인 조각이 다리의 무게와 가치를 더해준다. 조각상들의 근육과 옷깃은 살아있는 듯 역동적이다. 다리는 그대로 무명 화가들과 가난한 음악가들의 예술 경연장이자 생계의 터전이기도 하다. 프라하에서는 걸인마저 더럽지 않다. 자유로운 보헤미안 같다. 편견일지 모른다.

카를교를 건너와 중세의 골목을 몇 굽이 누비다보면 골목마다 출몰하는 마리오네트 인형처럼 흐느적거리게 된다. 그 동화에 동화된다. 자유롭게 된다. 그러다 보면 어느새 프라하의 심장부라는 구시청사 광장에 이른다. 14세기 이후 건축된 르네상스 양식의 고건축물들이 마치 어제 지은 것처럼 생생하게 보존되어 있다. 구시청사는 고딕양식이라 서로 대비된다.

〈프라하의 봄〉에도 프라하 시민들은 이 광장에 몰려들어 혁명을 힘차게 노래했을 것이다. 요즘은 광장의 천문 시계탑 주변에 시민혁명군 대신 관광객들이 떼를 지어 진을 친다. 매시 정각만 되면 작은 창이 열리면서 종소리가 울리고 12천사의 인형이 순간적으로 출몰하는 인형극이 펼쳐지기 때문이다. 그걸 보겠다고 모여드는 것이다. 뮌헨 시청의 그것보다는 규모는 작지만 모양은 더 예술적이다. 그리고 시계탑에 서려 있는 비감한 스토리텔링 때문에 극적 효과는 배가된다.

이 시계는 프라하대학 수학 교수인 하스주 본슈네가 1856년에 만들었다. 그러자 유럽 각국에서 이토록 아름다운 시계를 똑같이 만

혁명의 광장에서 용서를 생각하게 만드는 '천문시계탑'

들어 달라는 주문이 폭주한다. 그러나 교수는 의문의 사고를 당해 장님이 되고 만다. 프라하 시청에서 시계탑을 독점하려고 교수를 장님으로 만들었다는 것이다. 충격을 받은 교수는 화병을 앓다 결국 죽고 만다. 이렇게 비장한 유서를 남기고.

"내가 이들을 용서하도록 시간을 주소서."

하스주 교수가 죽은 날, 시계는 돌연 멈춘다. 시청에서 아무리 시계를 수리하려 했으나 아무도 고치지 못한다. 고장난 원인조차 알 수 없다. 교수가 죽고 400일 정도 지나 시계는 다시 작동하기 시작했다. 하스주 교수가 그들을 용서하는 데 400일이 걸린 셈이다.

거듭 고백하건대, 내가 지금 프라하성 3층 창문 밖으로 집어던지고 싶은 공공의 적이 몇 있다. 이름만 대면 다 알 만한 유명한 사람들이다. 하지만 창문 밖으로 결코 집어던지지 못할 것이다. 다만 부디 그들이 먼저 세상에 사죄하고 용서를 빌어오기를 기다릴 뿐이다.

이들을 마음으로부터 용서하려면 400일보다 더 많은 시간이 필요할 것이다. 어쩌면 프라하성을 지은 천년의 시간만큼, 억겁의 시간이 걸릴지 모른다. 솔직히 용서를 할 자신이 없기도 하다. 그래도 기도한다. 그들이 진심으로 용서를 빌어오기를. 그러면 나도 그들을 제발 용서해줄 수 있기를. 이제 서로 그만 미워하고 해치기를.

프라하의 연인은 밀레나 또는 줄리엣이다

프라하가 쿤데라보다 하세크를 사랑하는 이유

1980년대 서울 변두리 학교 앞에 카페 '카프카의 연인 밀레나'가 생긴 건 놀라운 사건이었다. 싸고 허름한 대포집이나 포장마차에 길든 가난하고 촌스런 문학청년들은 당혹스러웠다. 고모집, 형제집, 제기시장 닭발집, 서브웨이 다방 등과는 차원이 달랐다.

그 세련되고 품격 있는 상호를 내건 새로운 시공간은 반가웠다. 그리고 황송했다. 특히 시나 소설을 끼적거리며 머나먼 이국과 이색적인 것을 늘 염원하고 상상하던 문학청년들에게는. 마치 범접하기 어려운 피안의 세계처럼 느껴졌다. 문학청년이라면, 실존주의자라면 어느 정도 기본 신상정보 정도는 파악하고 있던 카프카 때문이 아니었다. 미지의 동구라파 여인, 카프카의 연인 밀레나 에젠스카에 대한 호기심 때문이었다.

이후 카프카의 연인 밀레나는 그 동네 문학청년들의 단골 카페이자 연인이 되었다. 신비로운 존재로 등극했다. 그러니까 유명한 카프카보다는 무명의 밀레나가 그 카페의 정체성과 위상, 그리고 하루 매상을 결정했던 것이다. 그들이 문학을 하고 그들이 사랑을 나누며 살던 체코라는 머나먼 이국은 점점 동경과 선망의 이상향이 되었다.

나도 한때 문학청년이었다고 주장한다. 당시 이 나라의 수많은 청년들이 통과한 의례대로. 카프카가 창작한 〈변신〉, 〈성〉, 〈유형지에서〉 같은 소설의 주제, 구성, 문체는 흥미진진했다. 소설을 읽고나면 나도 카프카처럼 갑충이나 실존주의자로 변신했다. 그래서 프라하에서 가장 먼저 가보고 싶었던 곳도 카프카의 소설무대인 프라하성이다. 게다가 성 안의 황금소로에는 카프카가 머물던 집필실도 있다는 것이다. 그 곳의 위치를 프라하 여행지도에 빨간 사인펜으로 뚜렷하게 표시해둔 건 물론이다.

16세기의 골방에서 20세기의 실존주의를 쓰다

프라하성의 후미진 곳, 황금소로Zlata Ulicka에 있는 카프카의 집필실은 보기에 몹시 옹색했다. 황금소로에는 16세기부터 황금 세공사, 성채 수비병 등이 살던 빈민가의 골목, 주택 모습이 그대로 보존돼 있다. 물론 관광객에게 보여주려고 기념품가게, 무기박물관 등으로 리모델링했지만 모양과 구조는 500년 전 그대로다. 백설공주와 일곱 난장이가 살던 동화나 만화 속의 마을 같다.

파란 벽의 22호 집이 바로 카프카의 집필실이다. 여동생 집을 잠시 빌린 것이라 한다. 1916년 말부터 이듬해까지 6개월여 머물며 소

카프카 집필실이 있는 프라하 황금소로

설 '성'의 초고를 집필했다. 16세기가 실존하는 공간에서 20세기의 실존주의자 프란츠 카프카는 실존주의를 문학으로 표현한 것이다.

카프카의 〈성〉은 프라하성에서 썼지만 두 성은 종류나 성질이 다르다. 프라하성은 많은 사람이 자유롭게 찾아오지만 카프카의 성은 아무도 들어가지 못한다. 소설 속에서 주인공 토지측량기사 K는 성으로 초청을 받고 성에 들어가려 하지만 접근조차 불가능하다.

카프카는 복잡하고 기괴한 관료기구에 둘러싸인 성이 누군가 성 안으로 들어가는 걸 방해하기 때문이라고 설정했다. 세상이라는 성밖에 있던 아웃사이더 카프카의 심정이었을 것이다. 무소불위의관료주의 앞에 한없이 무력하고 초라한 개인의 존재를 고발하고 싶었을 것이다. 마치 오늘날 '명박산성'이나 '근혜산성' 앞에서 진실의 성안으로 진입하는 통로를 원천 봉쇄당한 세월호 유족들의 처지다.

그래서 프란츠 카프카는 실존주의 문학의 선구자로 불린다. 인간 운명의 부조리와 존재의 불안을 극한의 상황 설정으로 표현했다는 평가다. 개인의 고독, 무력감에 대한 깊은 통찰을 처절하게 묘사하는 창작기법은 그를 특징짓는 주무기다.

블타바 강변 뒷골목의 작은 책방 '셰익스피어'의 진열장 가장 잘 보이는 곳에는 〈변신〉이 놓여 있었다. 〈변신〉은 카프카의 대표작이다. 하루아침에 갑충으로 변한 월급쟁이의 운명을 지독할 정도로 처절하게 자조하고 풍자한다.

체코어로 비련의 사랑을 나눈 '프라하의 연인'

법학박사인 카프카는 노동자 상해보험회사에서 '갑충 같은 월급쟁이'로 밥벌이를 했다. 일터에서 노예 같은 노동자들의 비참한 현실을 일상적으로 목격했다. 그런 개인적 민생체험이 소설의 밑바탕에 깔렸으리라. 결국 〈변신〉은 불안하고 불행한 삶을 살았던 카프카의 자화상이나 자서전에 다름아니다.

그는 당시 나치 치하의 체코에서 유대계 독일인으로 살았다. 모국어인 체코어가 아닌 독일어로 글을 썼다. 정확하게는 프라하 독일어라 한다. 보헤미아의 유대인과 비주류 기독교인들의 언어다. 그래서 아직도 많은 체코 국민들은 모국어를 버리고 독일어로 문학을 한 카프카를 서운해하고 있다. 충분히 사랑하지 못하고 있다. 죽어서도 외로운 실존주의자다. 비록 카프카를 기리는 박물관이 따로 있고 책방마다 그의 소설이 가장 잘 보이는 곳에 진열되어 있기는 하지만.

"한 권의 책은 우리 안의 얼어붙은 바다를 부수는 도끼여야 한다. 큰 고통을 주는 불행처럼, 우리가 정말 사랑하는 사람의 죽음처럼, 우리가 모든 사람에게서 떠나 숲 속으로 추방당한 것처럼, 자살처럼 충격을 주는 것이어야 한다."

카프카는 친구들에게 이렇게 말하곤 했다는 것이다. '참을 수 없이 가볍게' 21세기를 살아가는 우리 모두에게 카프카가 유언처럼, 예언처럼, 경고처럼 세게 들린다. 친구로서 카프카와 카프카의 작품을 사랑했던 막스 브로트는 '모든 원고를 소각하라'는 카프카의 유언을 무시하고 유작, 일기, 편지 등을 출판했다. 그가 고맙다.

그중 체코어로 쓴 몇 편의 원고도 전해진다. 그의 연인 밀레나 예젠스카에게 보낸 편지다. 카프카가 교류한 여인들 가운데 유일하게 그의 문학을 이해하고 정신적으로 소통이 가능했던 여인이다. 체코의 명문가 출신 페미니스트라서 그럴 것이다.

카프카와 인연은 단편 〈화부〉를 체코어로 번역하면서 맺어졌다.

이후 밀레나는 카프카에게 일종의 정신적 피난처가 되었다. 문학과 예술에 대한 근본적인 교감이 가능했기 때문이다. 체코어로 쓴 카프카의 편지가 뚜렷한 물증이다.

하지만 둘의 사랑은 불륜이자 비련의 운명이었다. 밀레나는 유부녀였다. 남편은 카프카의 친구였다. 밀레나는 체코의 명문가 출신이었지만 생전의 카프카는 결핵에 걸린 유대인 무명작가의 신분이었다. 13살이라는 나이 차이도 적지 않았다. 카프카의 소설처럼 이 '프라하의 연인'들의 사랑 또한 처절했을 것이다.

'세상을 진지하게 대하지 말자'는 밀란 쿤데라

밀란 쿤데라는 14년 만에 발표한 신작소설 〈무의미의 축제〉에서 아픈 세상을 진단하고 대처할 수 있도록 사람들에게 처방을 내렸다.

"우리는 이제 세상을 뒤엎을 수도 없고 개조할 수도 없고 한심하게 굴러가는 것을 막을 도리도 없다는 걸 오래 전에 깨달았지. 저항할 수 있는 길은 딱 하나. 세상을 진지하게 대하지 않는 것뿐이지."

참을 수 없이 솔직한, 그래서 매우 진지한 작가의 성향을 여실히 보여준다. 그래서 그의 소설이 온갖 기만과 허위가 난무하고, 모리배와 양아치에 시달리는 한국사회에서 많이 읽히는 듯하다.

1929년에 체코슬로바키아에서 태어난 밀란 쿤데라Milan Kundera는 아직 살아 있다. '세상을 진지하게 대하지 않고 살아서' 그런지 장수하고 있다. 그런 그도 1968년 소련에 점령당한 모국에서 바츨라프 하벨과 함께 프라하의 봄에 참여했다. 처녀작 〈농담〉에서는 사회주의 체제를 대놓고 풍자하고 비판했다.

카프카의 〈변신〉과 토마 피케티의 〈21세기 자본〉을 나란히 진열해놓은 작은 책방

그런 그를 소련의 전체주의자들이 가만 놔 두었을 리 없다. 1968년 소련이 체코를 점령하자 블랙리스트에 올랐고 집필 활동도 금지되었다. 마침내 시민권까지 박탈당하자 1975년 프랑스로 망명해 내내 프랑스 시민으로 살고 있다. 그 역시 모국어 체코어가 아닌 프랑스어로 창작한다.

대표작 〈참을 수 없는 존재의 가벼움〉은 1984년 작이다. 개인의 운명이 얼마나 덧없는 것인지를 말한다. 고향 선배 카프카의 실존주의 영향을 받았나. '프라하의 봄'으로 영화화되면서 더욱 각광받는다. 특히 당시 정치적 동병상련에 시달리고 있던 한국 사람들에게.

프라항공항에, 광장에 바츠라프 하벨이

한글 안내판으로 인상적인 프라하공항은 '바츨라프 하벨 공항'으로 불린다. 체코의 극작가, 혁명가이자 대통령의 이름이다. 한국작가회의 회원인 내게 그는 문학가보다는 혁명가로 기억된다. 1968년 프라하의 봄을 이끈 주역이다. 독립작가클럽에서 활동하며 침략자 소련에 항거하며 1977년 77헌장을 발표한 대가로 징역까지 산다.

1989년에 벨벳 혁명을 이끌고 대통령으로 선출된다. 40년 만에 비공산주의자가 체코슬로바키아의 대통령이 되는 순간이다. 체코와 슬로바키아로 분리되고 1993년 체코 공화국의 초대 대통령이 된다. 서울평화상 수상자이기도 하다. 호사가들은 체코의 하벨, 한국의 김대중을 자연스레 묶어서 떠올리기도 한다. 그가 죽고 나서 프라하 루지네 국제공항은 이름을 바꾼다. 체코 국민들이 하벨을 잊지 않기 위해 프라하 바츨라프 하벨 국제공항으로 바꾼 것이다.

바츠라프 하벨의 이름을 딴 프라하공항의 한글 안내판

그런데 정작 체코의 국민, 프라하 시민들이 카프카, 쿤데라, 하벨보다 더 사랑하는 작가는 따로 있다. 소설가 야로슬라브 하세크다. 장편소설 '용감한 병사 슈베이크'로 세계적 작가의 명성을 얻었다.

체코 국민들이 하세크를 사랑하는 이유는 그의 작품성 때문만은 아니다. 카프카, 쿤데라와 달리 모국어인 체코어로 문학을 했기 때문이다. 힘 없는 나라 체코에서 태어나 불과 수천만 명밖에 쓰지 않는 체코어로 세계적 명작을 빚어냈기 때문이다.

프라하에서 마지막 날, 이탈리아 로마공항으로 떠나는 프라하공항에서 체코어 한마디를 섞어 애절한 편지를 한장 띄웠다. 카프카가 연인 밀레나에게 편지를 보내는 심정으로 '나의 프라하의 연인'에게. 프라하를 봄으로 느끼게 해주는 줄리엣 비노쉬, 카프카의 연인 밀레나를 연상시키는 줄리엣 비노쉬, 1살 연하의 용띠 동생 '줄리엣 비노쉬'에게.

"줄리엣, 나 쉴리다노Na shledanou, 안녕, 잘 가. 죽기 전에 한번 보고 싶다. 이제 극장에서 말고 꿈에서 말고 생활 속에서 한번 만나고 싶다. 스케줄이 허락한다면 봄이 오는 프라하의 뒷골목이나 파리의 퐁네프 다리 위쯤에서 우연히 스치는 행인으로라도 서로. 그렇게 한 뼘의 보도 블록과 한 톨의 공기나마 찰나일지언정 억겁처럼 실시간으로 공유하고 싶다.

딱히 할 말이 있는 건 아니다. 만나면 할 말이라곤 그저 나이스 투미츄 정도지만, 듣고 싶은 말도 그냥 나이스투미츄 한마디 정도지만. 정말 나는 그 정도라도 괜찮으니, 좋으니, 한번만이라도 꼭 만났으면. 우리 둘 다 병들기 전에, 우리 둘 다 늙기 전에, 둘 중 누군가 먼저 죽어버리기 전에."

이탈리아

로마는 친환경 콘크리트로 건설했다
폐허조차 아름답게 만드는 로마의 토건예술

"로마는 하루아침에 이루어지지 않았다."

로마는 잘 몰라도 이 말은 잘 안다. 영문 문장까지 또렷하게 기억할 정도다. 아마 중학교 영어책에서 배웠을 터. 시험에 나올지도 모르는 기출문제라며 철저히 암기해 두었을 것이다.

"Rome was not bulit in a day."

일본 작가 시오노 나나마의 〈로마인이야기〉 1권의 책목이기도 하다. 스페인 작가 세르반테스의 명언으로 전해진다.

로마를 생각하면 저절로 떠오르는 문장이 하나 더 있다. 이 말 또한 분명히 새겨두고 있다.

"모든 길은 로마로 통한다."

그렇다. 로마는 하루아침에 이루어지지 않았다. 이 세상에 쉬운 일은 하나도 없다는 뜻이리라. 대제국 로마를 건설하는 데는 장구한 시간과 막대한 노력이 투자됐다. 기원전 100년경부터 600여년 동안 지중해를 중심으로 유럽, 북아프리카, 아시아까지 패권을 움켜쥔 대제국이자 강대국이 로마였다. 숙명적으로 로마와 국경을 맞댄 모든 국가는 로마보다 국력이 약했다. 그 앞에서 감히 기를 펴지 못했다. 어김없이 지배당했다.

로마가 대국으로 불리는 건 물리적 군사력만 보고 평가하는 게 아니다. 로마는 문화대국이었다. 군사적, 경제적 국력에 걸맞게 문화도 융성했다. 오늘날 이탈리아 국가수입의 3분의 1이 조상이 물려준 찬란한 문화자산에서 창출될 정도다.

군이 피렌체, 밀라노, 베니스 등 이탈리아 전역을 거론할 필요도 없다. 로마 시내만 해도 콜로세움, 산탄젤로 성, 포로 로마노, 판테온 신전, 바티칸공화국, 스페인광장 등 눈부신 문화자산, 관광자원은 일일이 열거하기에도 숨가쁘다.

그런 위대한 로마제국을 건설하려니 로마는 자연스레 토건 대국이 되었다. 로마의 토건기술은 한국의 4대강 토목공사, 새만금 토목공사의 그것처럼 천박하거나 사악하지 않다. 토목과학, 토목예술이라 불러 마땅한 경지에 이르렀다.

독일, 오스트리아 등 당시 로마가 다스린 유럽의 도시에 가면 로마가 건설한 유적을 쉽게 마주칠 수 있다. 스위스 취리히 도심 한복판에 아직 남아있는 고대 로마시대의 골목길을 약간 흥분하여 걸은 적이 있다. 정작 이탈리아 로마에서보다 이국의 취리히에서 '모든 길은 로마로 통한다'는 문장의 진의를 실감하고 전율했다.

고대 로마의 도로는 일단 군사도로다. 로마 군단의 신속한 이동을 위한 전략적 목적이었다. 하지만 결국 유럽과 세계의 문화와 경제를

아름다운 폐허 '포로 로마노'(위)와 거대한 건축물 '콜로세움'(아래)

전파시키고 연결시키는 통로 역할을 톡톡히 했다. 로마는 그 허브 Hub 역할을 한 셈이다. 로마의 군사들처럼 단단한 돌로 다지고 다져진 '로마의 길'이야말로 고대 로마의 영광을 액면 그대로 증거한다.

로마는 하루아침에 이루어지지 않았고, 그래서 모든 길은 로마로 통했다. 마술을 부리지 않고서야 하루아침에 이런 거대한 도시와 건축물을 건설할 수는 없는 노릇이다. 그리고 모든 길이 로마로 통하지 않고서야 로마의 도로나 보도마다 그토록 단단한 돌로 포장해 천지사방으로 사통팔달 길을 뚫어놓을 필요도 없었을 것이다.

로마의 휴일에 로마 토건역사의 현장 도보답사를

로마의 레오나르도 다빈치공항을 빠져나와 로마 시내로 들어오면서 그 두 명문의 뜻이 비로소 충분히 숙지되었다. '하루아침에 이루어지지 않은 로마', '모든 길을 통하는 로마'가 차창 밖으로 파노라마처럼 펼쳐졌다. 청소년기에 영어공부를 하느라 의무적으로 익혀둔 죽은 문장들이 비로소 꿈틀거리며 살아났다. 그 말이 전혀 과장되거나 허튼 소리가 아님을 얼른 알아챘다.

공항에서 숙소 홀리데이 인Holiday Inn 호텔에 닿기까지 장장 2시간여 동안 '이탈리아 대중교통 체험'을 하면서 느낀 로마의 강렬한 첫인상이다. 공항터미널에서 셔틀버스를 타고 테르미니Termini역에서 전철로 1차 환승, 코넬리아Cornelia 역에 내려 246번 버스로 2차 환승하고 아우렐리아Aurelia 정류장까지 가능 동안 내내.

현대의 로마 시내를 스치며 느낀 솔직한 감상은 '로마는 영등포나 청량리스럽다'는 것. 정류장마다 줄을 서지 않는 무질서, 길거리에

널린 담배꽁초 쓰레기와 낡은 벽의 지저분한 낙서, 러시아워의 신도림역을 방불케 하는 혼잡한 지하철역, 지치고 고단해 보이는 시민들의 무표정, 고용과 소득이 불안정해 보이는 초라한 행색. 이 모든 게 다 이탈리아 최고 부자 기업인 출신 정치인 베를루스코니 때문인가. 잠시 동병상련의 감정이 발동했다.

마침 로마는 휴일이었다. 오드리 헵번의 그 영화 때문에 이 도시가 휴일이라는 사실은 구경꾼의 기대감을 증폭시켰다. 오드리 헵번과 그 일가의 선행 이야기도 오드리 헵번이 영화를 찍은 로마의 호감도를 배가시켰다. 로마 외곽의 숙소에서 왕복 5유로 짜리 셔틀버스를 타고, 시간은 현대지만 공간은 여전히 고대인 로마 시내에 무사히 입성했다.

일단 성 피에트로St. Pietro역 앞을 로마시내 도보답사 여행의 기점으로 정했다. 로마 안의 국가 바티칸공화국이 멀지 않은 지점이다. 이미 하루종일 걷겠다는 작정을 하고 떠난 여행이다. 걷지 않고 차를 타면 몸은 편할지 몰라도 보거나 느끼는 건 많지 않다. 주마간산이라는 말이 괜히 생긴 게 아니다.

로마는 경주처럼 다가왔다 고등학교 시절 수학여행지, 고대 신라의 고도와 비슷한 감상과 공기가 느껴졌다. 경주처럼 공사를 하기만 하면 자꾸 유적이 발굴되니 대도시임에도 지하철을 마음대로 건설하지 못한다는 유적지다. 무엇보다 가는 데마다 떼로, 줄 지어 몰려다니는 단체관광객 때문에 더 그런 기분이 든다.

그래서 지난날 경주의 수학여행 행렬처럼 로마에 왔으니 로마의 법과 관광 행동지침을 따르는 게 상책이겠다는 판단이 금방 들었다. 굳이 지도를 보지 않더라고 관광객들이 몰려다니는 방향을 따라가다 보면 명소가 하나씩 눈앞에 나타났다.

로마가 경주와 다른 건 일단 로마는 뭐든지 크다는 점이다. 가로수나 공원의 조경수 구실을 하고 있는 소나무 한 그루조차도. 거대하고 중후장대한 고대 건축물은 압권이다. 쳐다보는 이를 압도한다. 하늘을 떠받치거나 찌르고도 남을만큼 거대한 화강암Granite이나 대리석Marvel 돌기둥은 어마어마하다.

로마 시민들은, 이탈리아 국민들은 조국의 위대한 역사와 문화에 대한 자긍심만 가지고도 세계 어디를 가나 기 죽지 않고 자신있게 행동한다는 이야기를 들은 적이 있다. 그래서 몹시 부러웠던 적이 있다. 내 조국의 역사도 장구하고 문화도 풍성하고 찬란한데, 왜 국민들은 자꾸 기가 죽고 자신이 없어지는지 그 원인이 너무 분명해서 갑자기 우울하고 무기력해졌다.

판테온신전에서 탄생한 신묘한 콘크리트라는 신물질

"로마는 하루아침에 콘크리트가 건설했다."

대제국 로마는 인간의 힘으로는 하루아침에 건설할 수 없었을 것이다. 대역사를 가능하게 한 특별한 토건 공학은 따로 있었다. 판테온Pantheon 신전에 그 신묘한 비법이 숨어 있다. 가히 '모든 신들을 위한 신전'이라는 이름에 걸맞다. 바로 그 토건 공학 덕분에 로마의 현존 고대 건축물 가운데 원형이 가장 잘 보존되었을 것이다.

지금으로부터 1800여년 전인 216년에 완공된 판테온신전은 무철근 콘크리트 공법으로 직경 43m의 돔 구조를 처음 건설했다. 그 비법은 바로 '콘크리트'다. 현대 의미의 콘크리트는 로마인들이 발명했다는 게 정설이다. 그래서 건축학자들은 그리스가 대리석 등 돌의 건축이라면 로마건축은 콘크리트의 건축이라 대비한다.

그러니까 판테온신전은 현대적 개념의 콘크리트를 사용한 역사상 최초의 건축물이다. 오늘날 상업화한 콘크리트의 역사라고 해봤자 불과 120여년 전 영국의 한 석공이 개발한 것이라 하니 위대하고 창의적인 발명품이 아닐 수 없다. 중국의 만리장성에 석회반죽 같은 원시적 콘크리트가 쓰인 기록이 있다고 하나 그거야 말그대로 원시적일 뿐이다.

로마인들은 이른바 '로만 콘크리트^{Roman Concrete}'를 개발했다. 화산재와 석회를 반죽해 모르타르^{회반죽}를 만들고 여기에 자갈이나 돌을 섞은 콘크리트 형태의 신물질을 창조한 것이다. 현대의 콘크리트와 거의 유사한 형태와 성분이었다. 뛰어난 내구성을 자랑할 만하다. 아직도 멀쩡한 판테온신전의 콘크리트 돔을 보면 확인된다.

최근 미국 과학자들이 2000년간 나폴리만 바닷물에 잠긴 콘크리트 방파제를 연구한 결과는 놀랍다. 화산재 등 재료 배합과 가열 방식 때문에 내구성과 친환경성이 뛰어나다는 사실을 과학적으로 밝혀냈다. 오히려 현대의 콘크리트보다 우수해 '인간이 만든 가장 견고한 콘크리트'로 평가할 만하다는 것이다.

로마를 건설한 로마 장인들의 신묘한 토건기술은 여기 그치지 않는다. 판테온신전 돔의 천장에는 둥근 구멍이 하나 크게 뚫려있다. 쏟아져 들어오는 빛 때문에 눈이 부시다. 그런데 이곳에서 비가 오면 신기한 현상이 벌어진다. 뚫린 구멍으로 빗물이 전혀 들어오지 않는다고 한다. 하강하려는 빗물의 무게보다 상승하려는 신전 내부의 더운 공기 압력이 더 높아 그렇다는 것이다. 과학은 신성하다.

로마의 토건기술을 탐닉하는 도보답사는 천사의 성이라 불리는 산탄젤로 성^{Castel Sant'Angelo}, 나일 강, 갠지스 강, 다뉴브 강, 라플라타

대대적 보수공사 중인 트레비분수

'4대강 분수'로 유명한 나보나 광장

강 등 '4대강 분수'로 유명한 나보나 광장Piazza Navona, 대대적인 보수
공사를 하고 있는 트레비 분수로 이어졌다. 감탄과 감흥의 정점은
포로 로마노와 콜로세움을 향해 달려갔다.

　포로 로마노Foro Romano는 고대 로마 정치와 종교의 중심지였다. 지
금은 지난날 아픈 역사의 상흔이 그대로 노출된 폐허에 불과하다.
이민족의 약탈로 서로마제국이 멸망한 뒤 토사 아래 묻혀버린 유적
을 발굴해낸 것이다. 그런데 아름답다. 보는 이로 하여금 폐허조차
아름답게 느껴지게 만드는 토건기술이다. 고대 로마인의 위대한 토
건기술은 기술이 아니라 '토건예술'로 불러야 마땅하다.

　콜로세움Colosseum은 다른 설명이 필요없을 것이다. 고대 로마시대
검투사들이 싸우던 원형 경기장으로 로마를 대표하는 관광 명소다.

너무 유명해서 상투적일 수 있는 관광명소는 가급적 가지 않겠다는 결심을 했지만 이곳만은 가보지 않을 수 없었다. 사진이나 영화에서 보던 것보다 훨씬 크게 느껴진다. 아니 거대하다.

높이 48m, 둘레 500m, 경기장 내부 길이 87m, 폭 55m라는 숫자로는 얼른 실감나지 않는다. 고대 로마 시대의 최대 건축물이라고 한다. 이름의 어원 자체가 '거대한 건축물'이라는 뜻이라고 하니. 그런 거대한 건축물을 인간의 힘으로 건설하기 위해 로마 토건기술의 총아 '로만 콘크리트'가 요긴하게 사용됐음은 물론이다.

고대 로마인들이 건설한 세계적 역사문화 관광도시 로마. 로마의 영화는 이렇게 내구성과 친환경성이 뛰어난 '로만 콘크리트'의 힘이 결정적이었다. 로마를 건설한 '로만 콘크리트'의 비밀을 알게 되면서 사 보고 싶은 책이 하나 떠올랐다. 환경운동하는 목사인 최병성 작가가 지은 〈대한민국 쓰레기 시멘트의 비밀〉이다. 읽고 나면 로마가 더 그리워질 것이다.

로마의 바티칸은 세월호를 잊지 않는다
신은 믿지 않지만 프란치스코 교황은 믿는다

나는 신을 믿지 않는다. 무신론자다. 내게는 신의 존재나 권능을 믿는 일이 몹시 힘들고 어렵다. 정확하고 솔직하게 고해하자면 신의 본심이 무엇인지 잘 모르겠다. 이정도 되면 종교 무지론자 또는 무관심론자에 가깝다. 최소한 불가지론자다. 나 같은 정도의 경험으로는 신의 본질이나 그 실재 참모습을 인식할 수 없다. 그게 속 편하다.

그래서 평소 신의 전지전능함과 구원의 복음을 기대하는 성직자, 신도들의 진지한 기분과 절박한 심정을 나로서는 헤아릴 수 없다. 서로 낯설고 불편하다. 특히 체육관처럼 생긴 큰 교회는 타자들의 전당, 외계 같은 피안으로 느껴진다. 크면 클수록 성스럽기는커녕 가장 세속적인 공간으로 다가온다.

종교는 큰 건축물을 위용을 빌려 절대적이며 완벽한 진실이 존재한다고 주장하고 설파하려는 듯하다. 그렇게 자꾸 오해하게 된다. 그래서 그처럼 경직된 교조주의를 믿느니 차라리 불가지론不可知論, Agnosticism을 믿겠다고 마음먹었다. 하지만 '본질적 실재는 신앙의 영역'이라는 임마뉴엘 칸트의 불가지론도 어쩌면 잘 이해되지 않는다. 결국 신앙 또는 종교의 본질적 실재 자체가 불가해하거나 불가지하다.

나는 그 흔한 '자기만의 신'도 없다. 스스로의 자아나 실존 조차 믿을 수 없기 때문이다. 설사 믿는다 한들, 믿는 대로 이루어지지 않는 경우가 불가항력적으로 많기 때문이다. 그럼에도 불구하고 불안하거나 답답하지 않다. 두렵거나 외롭지도 않다. 믿는대로 되지 않는 인간의 한계와 숙명이라는 확고한 경험칙과 인식을 냉정하게 받아들였기 때문일 것이다.

신을 믿는 이유가, 교회나 성당이나 절에 가는 이유가, 종교와 교회에서 기대하는 효능이 위로와 치유, 평화와 행복감 따위인가. 그렇다면 나는 굳이 성전에 출석해서 설교를 듣거나 의식에 동참하지 않아도 된다. 산책, 숙면, 여행, 독서, 작문, 음악이나 그림감상 등으로 충분히 개인적으로는, 신앙적으로 위로받고 치유받는다. 평화와 행복감을 얼마든지 느낄 수 있다.

그렇게 종교공동체 조직과 제도 안에서보다는 '자기만의 신'으로부터 더 큰 종교의 효능을 얻을 수 있다. 그 이상 종교의 효능과 필요성은 나로서는 불가지하고 불필요하다. 따라서 "사회학적 관점에서 볼 때 종교의 내용은 애매하기 그지없기 때문에 종교는 오히려 자신만의 자율적인 현실 영역과 힘을 가진 어떤 실체"라는 울리히 벡의 주장이 어느 종교의 교리보다 더 믿음이 간다.

성베드로 성당과 바티칸광장

로마에서 신 같은 인간 프란치스코 교황을 알현하다

　종교에 대해 무지하고 무례한 내가 로마 바티칸시국에서는 하마터면 신을 믿을 뻔했다. 접신할 뻔했다. 성베드로 성당 앞을 서성거릴 때 느닷없이 광장에 울려퍼지는 성가 몇 소절이 나의 영혼을 흔들었다. 바티칸광장에서 나는 한 마리의 길 잃은 양의 심정이 되었다. 자꾸 기도를 하고 싶어졌다. 신자 같았다. 제정신을 차려 바티칸시국의 출구를 빠져나오자 무신론자의 본분으로 겨우 돌아왔다. 하지만 자꾸 멈춰서 뒤돌아 바티칸시국 쪽을 바라봤다. 신을 만나고 나온 기분이었다.

　이게 다 프란치스코 교황 때문이다. 바티칸 공화국에 입성한 날은 마침 일요일이라 미사가 진행 중이었다. 끝이 보이지 않는 신자들의 행렬이 바티칸광장을 한 바퀴 둘러싸고 있었다. 믿음이 전혀 없는 나는 감히 성당 안으로 들어갈 엄두가 나지 않았다. 그저 건달처럼 광장을 서성거릴 수밖에 없었다.

그때 바티칸광장 한쪽에 설치된 대형 모니터에 교황의 모습이 나타났다. 제목도, 내용도 알 수 없는 성가가 광장에 가득 울려퍼졌다. 알 수 없는 뜨거운 기운이 나의 건들거리는 자세와 옷매무새를 고쳤다. 교황이 있는 곳에서 아주 가까운 곳에 서 있으니 교황을 직접 알현하는 기분이 되었다. 새가슴은 벌렁거리고 묵직해졌다.

순간 지난해 한국을 방문한 교황의 모습과 말씀이 겹쳐졌다. 그래서 더욱 감격스러웠을 것이다. 교황은 한국에 머무는 동안 노란 세월호 리본을 왼쪽 가슴에서 한 번도 떼지 않았다. 세월호 유족을 비롯한 한국민들의 아픔과 슬픔을 함께 해주었다. 믿음을 주었다.

"세월호 유족의 인간적 고통 앞에서 중립을 지킬 수 없었다."

당시 교황이 세월호 추모 리본을 유족에게 받아 달자 누군가 다가와서 "중립을 지켜야 하니 그것을 떼는 것이 좋지 않겠느냐"고 물었다고 한다. "세월호 추모 행동이 정치적으로 이용될 수 있다고 생각하지 않았느냐?"는 기자의 공격적 질문까지 받았다. 하지만 프란치스코 교황은 세월호 리본을 끝까지 떼지 않았다.

그 모습을 보고 나는 어느 나라의 국왕보다, 대통령보다 더 낮게 임하는 교황, 프란치스코 1세의 진면목을 봤다. 존경하고 신뢰하기로 했다. 신은 믿지 않지만 그가 믿고 전해주는 신은 믿어보기로 했다. 신 같은 인간, 프란치스코 교황에 대한 신앙심이 생긴 것이다. 그런 교황을 비록 직접 마주보지는 못했지만 지난 2월 로마 바티칸시국이라는 같은 시공간을 잠시나마 공유한 기억은 소중하다.

산타젤로 성에서 바라본 바티칸시국

교황 프란치스코의 본명은 호르헤 마리오 베르고글리오Jorge Mario Bergoglio. 아르헨티나 부에노스아이레스 사람이다. 늘 가난하고 힘 없고 어려움에 처한 사회적 소수자들 편에 선다. 검소하고 겸손하다. 소박하고 격식을 따지지 않는 생활을 한다.

전임 교황들은 사도 궁전에 거주했는데 프란치스코는 성녀 마르타 호텔에서 거주한다고 한다. 전례를 집전할 때에도 화려한 장식이 없는 검소하고 소박한 제의를 입는다고 한다. 목에 거는 가슴 십자가는 추기경 시절부터 착용하던 철제 십자가를 그대로 걸고 있다. 그럴 사람이다.

국가가 아닌 국가, 신이 다스리는 바티칸

그런 교황이 로마시 북서부의 바티칸시국State della Citta del Vaticano에 살

산타젤로 성에서 본 로마 시내 전경

고 있다는 사실은 로마에 대한 호감과 기대를 높이기에 충분하다. 바티칸이 자리잡은 곳은 고대 로마인들이 '점치는 언덕'이라 부르던 곳이다. 재미있는 역사적 사실이다. 훗날 그리스도교가 공인되면서 베드로의 묘지 위에 성 베드로 대성당이 세워졌다. 8세기부터 교황의 정식 주거지 교황령이 되었다. 1870년 이탈리아왕 빅토르 엠마누엘 2세가 로마를 점령하면서 이탈리아에게 넘어간다. 1929년 교황청과 이탈리아 정부 사이에 라테란 조약이 체결되면서 독립국가 바티칸시국으로 오늘에 이르고 있다.

0.44㎢의 면적, 1000명이 안 되는 거주자 등 세계에서 가장 작은 나라지만 세계에서 가장 영향력이 큰 나라다. 바티칸 궁전, 성 베드로 대성당, 바티칸 도서관, 바티칸 박물관 등 신을 믿든 안 믿든 그 자체가 모든 인류의 위대한 문화유산이다. 사방이 요새처럼 대리석 벽체로 둘러싸여 있다. 100여 명의 스위스 국적의 근위병이 미켈란젤로가 디자인한 의상을 입고 교황을 지키는 전통과 풍경도 이색적

무철근 콘크리트 공법으로 직경 43m의 돔 구조를 처음 건설한 판테온신전

이다. 스위스 용병이 유럽에게 가장 충성심이 높고 용맹성이 뛰어나다는 이유로 1506년부터 이어오는 관습이다.

바티칸시국 권위와 신성의 무게중심, 성베드로 대성당은 서기 90년에 예수의 열두 제자이자 로마의 초대 주교교황인 성 베드로의 무덤 위에 건립했다. 라파엘로, 미켈란젤로 등 세기의 거장들이 교황과 추기경들의 외압을 받고 자의반 타의반 건축에 참가했다고 전해진다. 그럼 라파엘로나 미켈란젤로는 최선을 다하지는 않았던 걸까. 만일 100% 자의로 작업에 참여했다면 대체 어떤 일이 벌어졌을까. 얼마나 더 위대한 예술작품이 탄생했을까. 상상이 가지 않는다.

성 베드로 성당은 기독교 세계의 모든 교회 가운데 가장 거대한 교회로 알려진다. 단순한 건축물이라기보다 르네상스와 바로크예술의 결정판이라는 평가를 받고 있다. 하루종일 줄을 서도 들어갈 수 없을 듯한 많은 인파 때문에 미처 성당 안은 들어가지 못했다. 인생에 몇 안 되는 후회와 미련으로 남을 일이다.

교황의 도피처 산탄젤로 성은 황제의 무덤이었다

바티칸시국에서 이탈리아 로마시로 출국하면 아름다운 성 '천사의 성산탄젤로 성, Castel Sant'Angelo'을 마주친다. 피해갈 수 없다. 원통 모양으로 생겨 일단 눈에 띄고 아름답고 신비로운 외관에 저절로 이끌리게 된다.

하지만 창문도 거의 없고 폐쇄적으로 생겼다 싶었더니 본디 로마 제국 황제 하드리아누스의 무덤이었다고 한다. 이후 로마 황제들의 묘지로 쓰이다 5세기에 로마 교황청의 성곽이자 요새로 바뀌었다.

'산탄젤로'라는 이름의 유래는 590년으로 거슬러 올라간다. 대교황 그레고리우스는 흑사병의 퇴치를 기원하는 기도를 올리다 흑사병의 종말을 뜻하는 환영을 목격한다. 대천사 미카엘이 성의 상공에서 칼집에 칼을 집어넣는 장면을 본 것. 이후 천사의 성이란 뜻의 '산탄젤로'라는 이름이 붙여졌다. 성의 꼭대기에는 대천사 미카엘의 대리석상이 우뚝하다.

중세 시대의 교황은 교황청에서 지적인 이 성을 자연스레 애용했다. 불가피하고 위급한 혼란기 때 도피처로 사용했다. 산탄젤로 성과 성 베드로 대성당을 연결하는 요새 같은 비밀통로를 통했다. 교황 니콜라오 3세가 통로를 만들었고 1527년 신성로마제국 황제 카를 5세가 로마를 침공했을 때 교황 클레멘스 7세가 실제로 이 비밀통로로 바티칸을 빠져나갔다.

나는 신을 믿지 않는다. 세월호 아이들이 바다에 자꾸 잠기고 있을 때 신은 어디에서, 무엇을 하고 있었는지 몹시 궁금하다, 우리 대통령이 그때 어디에서, 무엇을 하고 있었는지 궁금한 정도로. 이제 더 이상 신이나 종교에 기대하지 않는다. 신이 어디 있는지는 모르지만 신이 발휘하는 권능은 좀 알 듯하다. 그래서 일단 사람을, 우리를, 나를 먼저 믿을 뿐이다.

세월호를 아직 잊지 않고 있다는 프란치스코 교황. 최근 팔레스타인을 국가로 공식 인정한 교황. 그는 내가 왜 무신론자가 됐는지 조금은 이해해 주리라 믿는다.

황제의 무덤, 교황의 도피처 산탄젤로 성

베니스는 운하로 살고 4대강은 운하로 죽는다
베니스는 22세기에 바닷속에 잠겨 사라진다

"베니스는 22세기에 바닷속에 잠겨 사라질 것이다."

기후학자들의 예측이다. 지구온난화로 해수면이 상승하면 베니스도 바닷물에 잠길 운명이라는 것이다. 도시 전체가 세계문화유산으로 지정된 세계적 관광명소 베니스가 세계지도에서 사라진다니. 하긴 지금도 겨울철이면 만조 때 물에 잠기는 아쿠아 알타Acqua Alta 현상이 빈발하니 전혀 비과학적인 이야기는 아니다.

곧 바닷속으로 사라질 도시 베니스는 호기심을 불러일으키기에 충분했다. 이탈리아보다 베니스에 더 가고 싶어졌다. 운하와 골목이 거미줄처럼 얽혀 있는, 사람이 만든 인공섬 베니스. 자동차가 다니지 않는, 배와 보행자의 천국 베니스. 베니스 영화제, 베니스 비엔날레, 베니스의 상인 등등.

산조르로 마조레 섬과 성당이 보이는 아드리아해 베네치아만과 곤돌라 선착장

　한국에서 베니스까지 기차를 타고 가면 얼마나 좋을까. 한국에서
유럽까지 만주벌판과 시베리아 동토를 관통해 기차를 타고 가는 건
나의 오랜 꿈이다. 아쉽게도 이번에는 그러지 못했다. 하지만 유럽에
서만큼은, 베니스만큼은 비행기보다 기차를 타고 가고 싶었다.

　그렇게 국경이 무의미한 유럽의 나라와 나라 사이를 세계시민처럼
자유롭게 기차로 월경하고 싶었다. 유럽대륙을 호랑이처럼 질주하는
초고속열차 안에서 젊은 날 프랑스문화원 같은 곳에서 즐겨보던 유
럽영화의 한 장면쯤 스스로 연출하고 싶었다. 약간은 나태하거나 방
심한 자세로, 한없이 여유있고 너그러운 표정을 하고 차창 밖 유럽
의 너른 들판을 하염없이 바라보면서.

　그렇게 유럽 대륙을 주마간산일지언정 마음껏 구경하고 싶었다.

국민과 시민이 행복한 유럽의 땅 기운, 유럽인들의 향기, 지역과 마을의 문화적 풍미를 직감적으로 체감하고 싶었다. 저마다의 나라 안에서 도시와 마을을 옮겨갈 때마다 바뀌는 국지적인 풍경과 기운을 오감으로 느끼고 싶었음은 물론이다.

무엇보다 서로 다른 나라와 나라 사이에 놓여 있는 역사적이고 정치적인 경계와 울타리도 현장에서 직접 확인하고 싶었다. 유럽공동체EU로 한데 묶여 있으나 정작 어떻게, 얼마나 다른지 엿보고 싶었다. 그렇게 다른 데 서로 싸우지 않고 사이 좋게 공생할 수 있는 비결이 무엇인지 정말 궁금했다.

유럽에서는 비행기보다 기차가 더 비싸다

하지만 여행사의 단호하고 야속한 조언 앞에 유럽 초보 여행자의 간절한 바람은 물거품이 되었다. 유럽을 몰라도 너무 모른다는 투였지만, 진심과 배려가 묻어 있는 고마운 충고였다.

"유럽에서 기차는 비행기보다 더 비싸요. 시간도 더 걸리고."

가난한 여행자가 안고 있는 문제는 세계사나 지리학의 지식이나 인문학적 소양이나 사회학적 가치관이 아니었다. 언제나 결정적 문제는 돈과 시간이다. 돈과 시간이 없는 까다로운 고객 주제임에도 여행사를 자꾸 졸랐다. '착한여행사'라는 여행사의 자비로운 상호를 약점 삼아 무리한 요구를 계속했다.

"그래도 나는 기차를 타고 싶어요. 돈도, 시간도 없지만 한두 번이라도, 베니스 등 한두 곳만이라도 기차를 탈 수 있게 해주세요. 유럽에서 기차를 타보는 건 오랜 로망이었어요. 부디 헤아려 주세요."

그렇다. 유럽 기차여행은 젊은 날부터 간직해 온 간절한 꿈이었다. 애타는 소망이었다. 지리적, 정치적 '외딴 섬' 한국을 벗어나 유라시아 대륙을 기차로 질풍노도처럼 내달리는 꿈. 일단 서울역에서 국적기차를 타고 휴전선부터 훌쩍 뛰어넘어 저 넓은 대륙으로, 광야로 뒤도 돌아보지 않고 앞으로 내달리는 꿈.

그렇게 개성, 평양, 신의주를 거쳐 북녘의 산과 들, 강과 계곡을 굽이굽이 누비고 싶었다. 급기야 눈물 젖은 압록강가에 다다르면 순간의 주저함도 없이 단숨에 월경해 반도에서 대륙으로 진출하고 싶었다. 마침내 호연지기를 갖춘 대륙인으로, 세계시민으로 진화하고 싶었다. 그쯤에서 멈추거나 만족하는 작거나 약한 꿈은 아니었다.

그 길로 세기말이나 세기초 말 달리던 선구자들처럼, 또는 숙명적인 역마살의 유목민처럼 만주벌판을 끝없이 질주하고 싶었다. 비록 단기필마일지라도, 철마로나마 광야를 호령하고 싶었다. 두만강 쪽도 상관 없다. 블라디보스토크, 연해주로 건너가 시베리아 동토를 가로질러 중앙아시아 내륙으로 거침없이 침투하고 싶었다. 아시아 대륙을 넘어 베를린, 파리, 로마, 바르셀로나를 잇는 유라시아 대륙의 심장부까지 깊숙히 파고들고 싶었다.

베니스에는 청소차가 아닌 청소배가 다닌다

결국 기차를 타 보겠다는 간절한 소원은 이탈리아 로마에서 풀 수 있었다. 로마에서 베니스로 갈 때, 로마 테르미니역에서 베니스 산타루치아역까지 4시간여 동안 시속 250km로 질주하는 초고속열차를 탔다. 트렌이탈리아Trenitalia 열차회사의 프레시아르젠토Frcciargento

호. '은색 화살표'라는 이름처럼 날렵하고 쾌적했다. 이코노미석으로 70유로^{한화 8만 5000원} 쯤 되는 요금은 아깝지 않았다. 더 비쌌어도 기어이 타고 말았을 것이다.

베니스로 향하는 초고속열차의 차창 밖으로 〈냉정과 열정 사이〉와 우피치미술관의 그 피렌체, 협동조합의 도시, 볼로냐대학의 그 볼로냐가 초고속으로 스쳐 지나갔다. 순간 기차에서 뛰어내려 피렌체와 볼로냐 속으로 뛰어들고 싶은 충동이 요동쳤다. 이성적으로 겨우 참았으나 아쉬움은 컸다. 언제 또 올 수 있을지 기약할 수 없는 먼 나라니까.

대신 이탈리아어 'Graffito'에서 유래했다는, 기차역 담장마다 어김없이 새겨진 화려한 그래피티^{Graffiti}를 감상하는 것으로 마음을 달랠 수밖에 없었다. 문자를 그림처럼 형상화한 일종의 낙서이지만 유럽에서는 어디를 가나 거리의 예술인 그래피티를 감상할 수 있다. 기차를 타지 않고 비행기를 탔다면 기차역의 그래피티조차 구경하지 못했을 게 아닌가.

그런데 아뿔싸. 산타루치아 역을 빠져나와 숙소로 가는 차를 타려는데 듣던대로 거리에 차가 전혀 보이지 않는다. 베니스에서는 도심에서 자동차 운행이 금지되어 있다. 베니스에서는, 또는 베네치아^{Venezia}에서는 버스나 택시 대신 배를 타고 다녀야 한다는 여행안내서의 지침이 전혀 농담이나 과장이 아니었다. 나중에 보니 채소가게도 배에서 좌판을 벌이고, 거리 청소도 청소배가 대신하고 있었다.

기차에서 내리자마자 자동차가 아닌 배로 환승해야 하다니. 낯설지만 역시 물의 도시 베니스의 이색 풍경이라 흥미로웠다. 베니스영화제의 그 베니스, 베니스의 상인의 그 베니스, 한국의 광고회사들이 광고 촬영을 많이 하는 그 베니스. 순간, 그곳만의 고유한 지역성

베니스에서 운하를 따라 운행하며 거리를 청소하는 청소배

그런데 운하의 중심 리알토 다리와 인공섬 베니스를 만든 나무말뚝

과 장소성을 만끽할 수 있으리라는 기대감이 배가됐다.

역 앞에서 페로비아^{Ferrovia} 선착장을 찾는 길은 그리 어렵지 않았다. 자동차때문이 아니라 관광객들로 인해 도로가 정체될 정도의 관광명소 베니스. 이곳에서는 눈치껏 관광객들의 무리만 잘 쫓아다니면 된다. 시내버스가 아닌 운하 수상버스 바포레토^{Vaporetto}를 타고 베니스에서 가장 크고 넓은 운하 수로 그란데 운하를 따라 리알토^{Rialto} 다리 선착장에 내렸다. 베니스의 심장부다.

베니스는 운하로 먹고살지만 4대강은

베니스는 14~15세기 무렵 지중해를 장악했던 해상공화국의 중심이었다. 아드리아해 베네치아만에 자리잡고 있다. 베네치아만 안쪽의 석호 위에 118개의 섬들이 약 400개의 다리로 이어져 있다. 567년에 이민족에 쫓긴 롬바르디아의 피난민이 정착하기 위해 이룩한 역사다. 석호^{潟湖, Lagoon} 위에 나무말뚝을 무수히 박고 나무기둥 뗏목을 이어서 이토록 신비하고 특별한 인공섬을 만든 것이다. 섬의 생긴 모양이나 역사 자체가 세계적인 문화유산이다.

당연히 베네치아 주민의 대다수는 운하, 골목을 무대로 관광에 관련한 다종다양한 일을 하며 먹고 산다. 그중 베니스 최고의 관광자원이자 산업유산은 단연 운하다. 실타래처럼 얽히고설킨 수많은 운하의 물줄기는 118개 섬 사이를 이어주는 수로로 기능한다. 사람으로 치면 혈관에 해당한다. 하늘에서 본 지형은 마치 안동 하회마을의 태극문장처럼 환상적인 만곡을 이룬다. 평균수심은 3m가 채 되지 않아 두렵지 않다.

운하와 석호 사이로 길이 10m 가량의 검은 곤돌라^{Gondola}가 쉴 새 없이 들락거린다. 베니스를 상징하는 또 하나의 아이콘이다. 검은색이 된 이유가 재미있다. 당초 곤돌라에는 화려한 쇠장식들도 부착되어 있었으나 1562년 사치금지법으로 모든 곤돌라를 검은색으로 통일했다고 한다. 수백대의 곤돌라 대부분 관광객을 상대로 하는 영업용이다.

곤돌라 사공은 아무나 할 수 없다. 국가에서 허가하는 운행자격증이 필요하다. 연소득은 1억 원이 넘어 베니스에서 가장 고소득자 직군에 속한다고 한다. 그래서 그런지 요금이 너무 비싸다. 1인당 50유로^{한화 약 6만 원}. 선뜻 올라타기에는 부담스럽다. 곤돌라의 날렵한 모양이라든지, 곤돌라 사공의 다소 거만해 보이는 표정이라든지, 그저 보는 것만으로도 구경거리가 된다. 한국의 택시승강장처럼 손님을 기다리는 빈 곤돌라가 많이 눈에 띈다.

대리석 돌덩어리 리알토 다리는 그런데 운하의 무게중심에 해당한다. 건축물이라기보다는 16세기 말 르네상스 시대의 건축술과 토목술을 동원해 만든 예술작품으로 부르는 게 타당하다. 다리 설계공모전에서 미켈란젤로를 제치고 안토니오 다 폰테가 낙점을 받았다고 한다. 베니스를 찾는 관광객을 상대로 하는 온갖 기념품점, 식당 들이 몰려 있어 베니스의 시장경제 경기를 나타내는 일종의 지표 역할을 한다.

리알토 다리만큼 '탄식의 다리^{Ponte dei Sospiri}'도 유명하다. 특별한 스토리텔링 때문이다. 운하를 가로질러 섬과 섬을 이어주는 다른 다리와 달리 이 다리는 건물과 건물을 잇는다. 총독부가 있던 두칼레 궁과 피리지오니 누오베라는 감옥을 연결한다.

두칼레 궁에서 재판을 받고 나오는 죄수들은 이 다리를 건너면 세

베니스에서 볼 수 있는 운하택시

상과 완전히 단절된다. 다리를 때 건너갈 한숨을 쉬지 않을 수 없었
다. 그래서 탄식의 다리라는 이름을 붙였다. 세기의 바람둥이 카사

카사노바가 투옥될 감옥으로 건너가며 한숨을 내쉰 탄식의 다리

노바도 그중 한 사람이었다.

베니스 운하를 건널 때마다 우리나라의 4대강이 생각났다. 베니스에 운하가 없으면 베니스 시민들은 먹고살 수 없다. 베니스에서 운하는 필수불가결하다. 모두에게 이롭다. 숙명적이다. 운하가 곧 베니스다.

우리나라 4대강 사업의 목적은 홍수 등 물 피해를 대비한다는 명분이었다. 절대 운하는 아니라는 것이다. 하지만 수십조 원의 세금을 허비하고 생태계만 파괴했다는 합리적인 비판이 거세다. 4대강이 운하가 아니라면 그렇게 막대한 예산을 퍼부어 강행했던 이유는 상식으로 이해하기 쉽지 않다.

한때 자연과학을 공부한 나는 4대강 사업이 운하개발 사업이라고 믿는 편이다. 과학적으로는 4대강을 그냥 강으로 볼 수 없다. 그것도 국민의 행복이 아닌 몇몇 토건족과 그 배후 권력자의 탐욕적 사익 추구를 위한 부도덕하고 부패한 범죄행위라고 확신한다. 베니스의 운하 위에 놓인 탄식의 다리를 쳐다보며 나는 땅이 꺼져라 한숨을 내쉬며 탄식했다.

베니스 골목도 '젠트리피케이션'으로 아프다
베니스 골목도 전주 한옥마을, 서울 북촌을 닮아간다

베니스는 미로다. 일단 들어서면 입구가 출구 같고 출구가 입구 같다. 운하와 골목이 도시를 종횡무진 촘촘히 엮고 있다. 베니스 골목을 걷다보면 마치 저인망 그물에 걸린 물고기의 심정이 된다. 사람이 작심하고 만든 제주도의 어느 인공 미로공원처럼 느껴지기도 한다. 자칫 방심하면 방향과 길을 잃기 십상이다. 초행의 이방인으로서 전혀 방심하지 않고 긴장하면서 정신을 차렸지만 여러 차례 길을 잃고 헤맸다.

첫날 배를 타고 리알토 선착장에 내리면서부터 육지의 동서남북이 분간되지 않았다. 세계 각국에서 온 관광객들이 사방팔방으로 뚫린 골목에서 쏟아져나와 도무지 정신을 차릴 수 없었다. 선착장에서 숙소까지 무사히 찾아가는 일은 어려운 시험문제를 푸는 기분이었다.

또 구글 지도를 믿어보는 수밖에 없었다. 지도 상으로 숙소 산타마리나 호텔은 리알토 다리에서 불과 200m 정도 거리에 있었다. 엎어지면 코가 닿을 만한 거리다. 비록 관광인파로 도떼기 야시장 같은 복잡하고 혼란스러운 밤거리이지만 그 정도는 못 찾아갈까 싶었다. 그러나 그게 큰 착각이고 오산이라는 사실은 길을 찾는답시고 30분 이상 제자리만 실컷 맴돌고 난 다음 든 생각이다.

애타게 찾던 숙소는 좁은 골목길을 몇 구비나 돌고돌아 눈에 잘 띄지 않는 작은 광장 구석에 숨어 있었다. 그런데 그게 끝이 아니었다. 안도의 한숨을 내쉬기도 전에 호텔보이는 우리를 호텔 로비 밖으로 내몰았다. 그리고 난데없이 좁고 으슥한 골목으로 우리를 다시 끌고 갔다. 그러더니 아무런 표시도, 간판도 없는 오래되고 빛바랜 어느 건물 앞에 멈춰섰다. 호텔의 별채였다.

보안카드로 현관을 열고 또 2개의 문을 더 통과하자 2층에 방이 몇개 있는 2층에 도착했다. 아무래도 정식 허가를 받지 않고 영업을 하는 듯 현관의 간판도, 방마다 식별번호도 없는 그 건물에서 낯선 베니스에서 이틀 밤을 묵을 숙소라고 생각하니 불안감이 엄습했다.

"혹 마피아가 경영하는 호텔은 아닌가."

나중에 알고 보니 이런 식으로 기존 주택건물을 개조해 호텔 영업을 하는 곳이 베니스에는 적지 않다고 한다. '젠트리피케이션 Gentrification' 때문이다.

베니스의 골목은 젠트리피케이션이 장악했다

지금 베니스는 여러 가지로 위기상황에 직면해 있다는 진단이다.

지구온난화로 인한 섬의 침강도 심각하지만 경기도 엉망이다. 당일치기 관광객이 많아지면서 식당이나 숙박업소에서 당최 돈을 쓰지 않는다고 한다. 그래서 그런지 리알토 다리 근처에 몰려있는 이탈리안 식당마다 은근히 호객행위가 심하고 선착장에도 놀고 있는 곤돌라가 많이 목격됐다.

심지어 어느 인구학자는 2030년경이면 상주인구는 전혀 없이 관광객만 들락거리는 유원지 같은 도시가 되리라는 비극적 전망까지 내놓을 정도다. 이렇게 원주민이 밀려나고 도심 공동화가 심화되는 젠트리피케이션 현상이 날로 심화되고 있다.

젠트리피케이션은 '도시의 빈곤 정체 지역을 상업자본이 침투해 잠식하는 현상'을 뜻한다. 도시에 자본이 몰리면 결국 임대료나 부동산 값이 올라 원주민들은 더 살지 못하고 밀려나게 되는 것이다. 혹여 '신사화'로 직역되는 젠트리피케이션의 어원적 의미만 생각하면 안 된

젠트리피케이션으로 앓고 있는
베니스 골목

다.

겉으로는 노후한 주거지가 '신사'처럼 멋지고 세련된 상업지구로 교체되는 바람직한 현상처럼 보인다. 하지만 원주민들이나 세입자들을 쫓아내는 도시개발로 인한 부작용과 폐해가 젠트리피케이션 문제의 본질이고 진실이다.

내가 묵은 은밀하고 수상한 호텔 별채처럼 베니스에 불어닥친 젠트리피케이션 때문에 부동산을 소유한 자산가들은 아파트 등 일반 주민들의 임대용 주거건물을 속속 점거하,고 있다. 외국인 관광객을 상대로 하는 상업용 숙박업소로 변경하려는 상업적 목적이다. 베니스의 마을이, 골목이, 주민이 자본에 밀려 점점 난민, 유민처럼 사라지고 있는 것이다.

베니스에서 역사적·예술적으로 중요한 대저택과 고택 450여 채도 대부분 사무실, 상가, 호텔로 개조된 상태라고 한다. 그 옛날 석호에 수많은 말뚝을 박아 돌받침대 위에 건축한 것인데 당초 소유 가문의 수중에 남은 건 별로 없을 지경이다. 베니스의 위대한 생활문화 유산이 자산가들, 장사꾼들의 부동산 투기 대상으로, 상품으로 전락하고 만 것이다.

젠트리피케이션으로 앓고 있는 베니스의 골목골목을 돌아보면서 전주 한옥마을, 서울의 북촌, 서촌 등이 저절로 떠올랐다. 최근 도심 재생사업에 따른 관광명소로 부상하면서 원주민의 주거지역에서 외부 전문 장사꾼들이 지배하는 상업지역으로 급속히 변질되고 있다. 역시 문화와 생활공동체는 사라지고 상품과 전문업자만 난무하는 공간으로 변질되고 있다.

도심재생 사업이든, 국토개조 토건사업이든 평가기준은 이 한 가지면 충분할 것이다. 원주민들이 원하는 것이냐, 그리고 원주민에게

나폴레옹, 괴테도 단골이었다는 유럽에서 가장 오래된 카페

이로운 것이냐. 원주민도 살 수 없어 떠나는 마을이나 도시에는 관광객도 찾아오지 않을 것이다. 찾아와도 베니스처럼 당일치기 뜨내기 관광객만 몰릴 것이다. 그런 경박한 관광객이 마을과 도시에 도움이 될 리 없다. 그런 마을과 도시에 지속가능한 미래가 있을 리 없다.

베니스에서 '다 같이 돌자, 동네 한바퀴' 놀이를

베니스의 도로에는 자동차가 다니지 않는다. 베니스에서는 배를 타지 않을 거면 걸어다녀야 한다. 어디든 걷기에 적당한 거리고 넓이

축제 소품으로 쓰이는 가면들

다. 인간적인 규모다. 그래서 골목마다 도보여행자로 넘치고. 좁은 골목과 보도는 수시로 인파로 정체된다. 어깨를 부딪힐 때도 있지만 그렇다고 좀처럼 짜증은 나지 않는다. 피차 급할 게 없어서 그럴 것이다. 그게 또 베니스라는 도시를 찾아와 짧은 일상이나마 체험해보는 재미와 매력이라고 할 수 있다.

둘째 날은 작심하고 이른 아침부터 베니스를 한 바퀴 돌아보는 도보순례를 나섰다. 목적지는 골목의 방향이 바뀌는 어귀마다 건물 벽에 붙여놓은 노란 이정표를 잘 보고 따라가면 된다. 행로는 산마르코 광장Piazza San Marco과 성당, 두칼레 궁, 탄식의 다리를 거쳐 유럽 최초의 카페 플로리안Florian을 도는 코스로 잡았다.

하나하나 이름을 기억하기 어려운 수백 개의 광장Piazza과 교회가 골목이 끝나는 지점마다 어김없이 출몰했다. 지친 길손들은 돌계단이나 벤치에 앉아 잠시 쉬어가라는 신호로 감지됐다. 수천 곳의 피자가게, 파스타 레스토랑, 젤라또 아이스크림 가게는 그냥 지나칠 수 없는 풍미와 향기를 골목으로 뿜어내고 있다. 다만 기대가 지나쳐서인지 놀라운 맛은 나지 않았다.

거리마다, 골목마다 축제 소품으로 쓰이는 가면을 주로 파는 기념품가게, 좌판이 즐비했다. 베니스 시민들은 운하와 골목과 가면으로 먹고사는 듯했다. 거리마다, 가게마다 마치 생생한 공연을 구경하듯 화려하고 환상적인 기기묘묘한 가면들이 주렁주렁 매달려 있다. 로마처럼 주로 유색인종들이 독점영업을 하는 듯한 셀카봉 행상도 어김없이 길목마다 진을 치고 있다. 그럴때마다 혼자 중얼거렸다.

"만일 이탈리아로 망명한다면 셀카봉 행상을 하면 되겠네. 굶어죽지는 않겠네."

산마르코 광장은 서울로 치면 광화문 광장이나 시청앞광장에 해당한다. 예로부터 베니스의 정치적, 종교적, 사회적 중심지였다. 베니스 지역생활 공동체의 구심이었다. 베니스 사람들은 굳이 산마르코를 앞에 붙이지 않고 그냥 '광장La Piazza'이라고만 부른다. 그래도 다 알아듣는다. 다른 광장과는 격이나 차원이 다른 대표적인 광장이라는 의미일 것이다.

산마르코 광장만큼 산마르코 대성당도 유명하다. 중앙 정문의 거대한 아치들, 각양각색의 대리석 장식들, 로마네스크 양식의 조각품들이 현란하다. 15세기 말에 건축된 메르체리아로 불리는 시계탑도 명물이다. 베니스의 상인들이 아라비아와 무역하면서 익힌 아라비아 숫자로 시계를 만들었다는 사연이 전해진다. 높이 99m인 캠퍼닐리 종루는 이집트의 오벨리스크 같기도 하고 거대한 솟대 같기도 하다.

광장의 3면에는 아치가 이어진 회랑이 줄지어 서 있다. 회랑마다 아케이드 상가가 들어서 있다. 1720년에 개업한 유럽 최초의 카페 플로리안이 아직 영업 중이다. 나폴레옹, 괴테, 바이런, 카사노바 등이 단골이었다고 한다. 카페 안에는 관광객들이 진을 치고 있어 빈자리가 보이지 않는다. 자릿세까지 포함해 차 한잔 값이 식사 한끼 값 정도 한다는 정보를 보고 들어갈 엄두가 나지 않았다. 가난한 관광객들은 밖에서 기웃거리는 것만으로도 구경이 된다.

베니스에 가면 하루쯤 '복면가왕'처럼 살아보기를

요즘 '복면가왕'이라는 TV프로가 화제다. 가면을 쓰면 누가 누구인지 편견과 선입견이 원천적으로 제거되니 오로지 노래 실력만으로 평가받을 수 있다는 것이다. 비록 예능프로그램이지만 공정하고 합

산마르코 광장에서 벌어진 가면·의상경연대회 축제에 참가한 관광객

리적인 경쟁과 경연의 모델이다. 필시 피디나 작가는 베니스에서 영감과 아이디어를 얻었을 게 틀림없다.

마침 베니스의 골목과 광장은 온통 각양각색의 휘황찬란한 가면의 물결이었다. 가면·의상경연대회 축제가 열리고 있었던 것이다. 13세기 중반에 시작된 베니스 가면 축제Carne-vale di Venezia는 보통 1월 말에서 2월 사이에 열린다. 그때 베니스에 오는 사람들은 가면을 하나씩 쓰고 내가 아닌 남이 되는 체험을 한다.

　광대 같은, 또는 황제 같은 울긋불긋하고 번쩍거리는 복장을 하고 베니스를 온통 누비고 다닌다. 축제장이 따로 있는 게 아니라 베니스 도시 전체가 축제장이고 공연장이 된다. 세계 각국에서 몰려온 관광객들이 입고 다니는 형형색색의 가면과 의상은 베니스의 현란하고 고풍스런 건축물과도 잘 조화를 이룬다.

　산마르코 광장 주변만 해도 이탈리아·아랍·비잔틴·고딕·르네상스·바로크 양식 등을 파노라마처럼 한눈에 조망할 수 있다. 동양과 서양이, 과거와 현재가 베니스라는 도시를 통해 한 지점에서 통합되고 통일되는 느낌이 든다.

　오늘날 세계적 관광명소 베니스조차 피해 가지 못하는 젠트리피케이션은 현대 도시를 위협하는 새로운 문제다. 도시의 문제를 해결해보려고 하다가 오히려 또 다른 문제에 부닥친 셈이다. 도시계획자나 도시행정가, 무엇보다 도시 주민들은 곤혹스럽다. 그것도 빈곤 계층이 주로 모여 사는 취약, 정체 지역에서 벌어지는 안타까운 현상이라 더욱 그렇다.

　저렴한 임대료를 찾는 가난한 문화예술인들이 들어와 문화적, 예술적으로 지역을 되살린 게 잘못인가. 외부인들이 즐겨 찾을 만한 관광 명소로 재탄생시킨 게 잘못인가. 그게 아닐 것이다. 자본이 넘치는 자산가들이 가난한 문화예술인이 생활하고 작업하는 최소한의 공간마저 빼앗는 약육강식의 쟁탈전이 문제일 것이다. 그걸 방지하거나 통제할 수 없는 도시행정이라는 비정한 시스템이 원인일 것이다.

보다 근본적으로는 도시문제의 본질은 단순하다. 너무 협소한 공간, 너무 부족한 자원을 가진 도시에 너무 많은 외부난민들이 몰려 살기 때문이다. 서로 다투고 빼앗지 않으면 생존할 수 없는 무한경쟁, 약육강식의 정글화 현상 때문이다.

해법은 간단하다. 도시에 먹고살려고 몰려든 생계형 난민들을 저마다의 정처를 찾아 농촌으로, 지역으로 하방시켜야 한다. 그게 도시 문제, 농촌과 지역의 문제, 결국 국가의 복잡다단한 문제를 근본적으로 푸는 거의 유일한 해법일 것이다. 그래서 서울특별시의 주요 시정은 서울시민들의 자발적 하방을 돕는 데 집중할 필요가 있다. 간곡히 제안한다.

프랑스

파리는 산업과 도시가 예술로 재생된다
오르세미술관에서 '용산참사'의 해법을

베니스 섬을 벗어날 때도 역시 배를 타야 한다. 프랑스 파리행 비행기를 타려면 우선 마르코폴로 공항행 배를 타야 한다. 이방인에게는 비행기를 타기 위해 배를 타고 공항에 가야 하는 상황이 아무래도 낯설었다. 심지어 불안했다. 정말 그 길 말고 다른 방법은 없는 건지 배에 오르기 직전까지 자꾸 확인했다.

유럽의 관문으로 통하는 파리공항도 유럽의 여느 공항처럼 어김없이 그 나라 위인의 이름이 붙어 있다. 샤를르 드골 공항. 프랑스의 레지스탕스 운동가 출신으로 대통령까지 지낸 샤를 앙드레 조제프 마리 드골이란 한 걸출한 인물에게 공항이 헌정된 셈이다.

영국 런던의 히드로공항, 체코 프라하의 바츠라프 하벨공항, 이탈리아 로마의 레오나르도 다빈치공항, 베니스의 마르코 폴로공항도 마찬가지다. 유럽의 공항들은 저마다 제 나라의 정치인, 작가, 예술가, 탐험가 등 역사적으로 기억할 만한 위인, 지도자들을 이렇게 특별하게 기리고 있다. 마치 국가의 관문이자 얼굴인 공항을 지키는 수호신처럼 대접하고 있다. 그런 유럽인들의 역사의식에서 인간혼의 품격이 묵직하게 느껴졌다.

우리나라는 어떤가. 가령 인천국제공항은 이순신공항으로, 김포공항은 안중근공항으로 부르면 안 되나. 인천이나 김포 같은 극동 변방의 일개 지명보다는 이순신이나 안중근 같은 위대한 한민족의 이름을 붙여 부르는 게 훨씬 낫지 않겠나. 그렇게 세계인의 머리와 심장에 위대한 한국인의 민족혼을 각인시키는 게 가뜩이나 하락하고 있는 국가 이미지와 국격을 높이는 데 효과적이지 않겠나.

시인의 거리에서 프랑스 시인과 영혼의 교감을

숙소가 위치한 파리시내의 거리 역시 사람 이름이 따라 붙었다. 시인 방빌Theodore de Banville. 역시 파리 시민들이 충분히 기억할 만한 가치가 있는 인물이다. 언어의 마술사로 불린다고 한다. 조형적 미를 중시해 자유자재로 압운의 묘를 구사했다는 것이다. 불어의 묘미를 알 수 없는 나로서는 그 경지가 미처 교감되지는 않는다. 하지만 뭔지 느낌은 온다.

나도 어엿한 '시인'이기 때문이다. 얼추 5만 명쯤 된다는 세계 최대의 시인공화국에서 합법적 시인으로 행세하고 있다. 아직 시집은 내지 못한 불임시인 처지이지만 문예지를 통해 등단을 해서 일종의 공인 자격증도 있다. 지역의 작가모임에 회원 등록도 했으니 시인이 분

기차역 대합실 같은 오르세미술관 홀

명하다. 비록 문턱이라고는 하나도 없는 신생 지방 문예지의 유혹과 선동에 홀려 얼떨결에 등단을 당해서 좀 찜찜하기는 하지만.

어쨌든 극동아시아 출신의 무명 시인으로서 프랑스 유명 시인의 시혼이 깃든 거리에 숙소를 정한 것 자체가 한편의 시처럼 설레었다. 그곳이 머나 먼 타국의 낯선 거리처럼 느껴지지 않았다. 개선문에서 멀지 않은 호텔Le Pierre부터 시적인 외관이다. 아닌 게 아니라 나폴레옹 시대 스타일의 디자인으로 이름난 곳이라는 명성도 들린다.

오르세미술관에서 사진을 찍은 두 명의 한국인

파리에 입성하면서 가장 기대한 곳은 단연 오르세미술관이다. 화폐로도, 철학으로도 가치를 따질 수 없는 대가들의 명화들이 아무렇지도 않게 산처럼 가득 쌓여 있는 명소다. 그래서 아침에 일어나 숙소를 나서자마자 가장 먼저 달려갔다. 하지만 오르세미술관에서는 아쉬운 점이 있다. 사진촬영을 엄격히 금지한다.

지난해 프랑스 문화부에서 모든 미술관과 박물관에서 사진을 찍는 걸 허용했는데 유독 오르세미술관만 문화부 결정을 따르지 않는다는 것. 물론 관람객 편의 도모와 미술 작품 보존을 위해서라고 금지안내문이 명시되어 있지만 야속했다. 불만스러웠다. 사는 동안 파리에, 오르세미술관에 다시 온다는 보장이 대체 어디 있는가.

그래서 이제 고백한다. 오르세미술관이 프랑스 문화부의 결정을 따르지 않았듯 나도 오르세미술관의 지침을 그대로 따르지 않았다. 미술관 관리자와 프랑스 국민에게는 미안하지만 로뎅의 '발자크상' 조각작품 앞에서 나도 모르게 카메라 셔터를 누르고 말았다. 물론

플래시는 터뜨리지 않는 최소한의 양식은 잊지 않았다. 그럼에도 어쨌든 정해진 규칙을 어겼다는 생각 때문에 내내 마음이 편치 않았다.

하지만 최근 낭보를 들었다. 마음의 짐을 다소 덜었다. 오르세미술관이 마침내 사진 촬영을 허용했다는 뉴스가 들렸다. 그것도 어느 한국인 때문이라는 것이다. 정확히는 한국계 프랑스인 때문이다. 미술관에 가면 한국인의 피에 흐르는 사진촬영욕구 유전자가 작동이라도 하는 것인가.

원인 제공자는 한국계 입양인 출신 플뢰르 펠르랭 문화부 장관이다. 오르세미술관에서 작품을 사진으로 찍어서 자신의 트위터에 버젓이 올렸다는 것이다. 이게 SNS 상에서 논란이 되면서 오르세미술관의 사진 촬영 금지방침이 문화부의 권고대로 해제되었다는 것이다. 물론 여전히 플래시는 터뜨리면 안 된다. 셀카봉도 안 된다.

오르세미술관은 기차역이었다

오르세미술관Musee d'Orsay은 센 강변에 자리잡고 있다. 한때 기차역이었다. 1900년 파리 만국 박람회를 위해 건설한 철도역이자 호텔이었다. 1939년까지는 철도역으로 사용되었다. 지금도 건물 지하는 구 오르세 역의 시설을 이용한 지하철RER-C선의 오르세미술관 역으로 연결된다.

1978년 프랑스 정부는 산업유산이던 오르세역 건물을 '역사기념물'로 지정하고 보존·활용책을 검토하기 시작했다. 1986년 말 프랑수아 미테랑Mitterrand 대통령이 오르세미술관을 개관했다. 원칙적으로

오르세 기차역을 개조한 오르세미술관

1848년부터 1914년까지의 작품을 전시하는 공간으로 활용하고 있다. 1848년 이전의 작품은 루브르 박물관, 1914년 이후의 20세기 현대예술 작품은 퐁피두 센터로 역할이 분담되어 있다.

오르세미술관은 미술관으로서 본연의 기능에 더해 기차역이라는 산업유산을 재생한 사례로 더욱 주목받고 있다. 기존 건축물 양식과 구조를 최대한 보존하면서 미술관으로서의 기능과 현대적 기술을 조화롭게 실현해냈다는 건축계의 평가를 받고 있다. 특히 관람객들의 주 동선으로 사용되는 넓고 높은 1층 홀이 인상적이다. 서울역

대합실처럼 느껴진다.

3층으로 이루어진 전시장마다 로댕, 고흐, 고갱, 르누아르, 마티스, 모네, 드가, 마네, 세잔, 고갱, 로트렉 등 인상파 거장들이 관객을 기다리고 있다. 이토록 놀라운 작품들이 정말 아무렇지도 않게 여기저기 툭툭 걸려있다. 가 보면 이해할 것이다. 규칙을 어기고 싶지 않기도 하고 눈치도 보여 참고 참았지만 도저히 사진을 찍지 않을 수 없다.

특히 한 작품 앞에 나도 모르게 멈춰섰다. 걸음도, 숨도. 무척 눈에 익은 작품이었다. 구스타브 쿠르베의 〈세상의 기원〉이라는 작품이다. 그 앞에서 '기원 거울'이라는 이름으로 성기 노출 퍼포먼스를 벌인 어느 벨기에 여성 예술가의 뉴스를 본 적이 있다. 그 때문에 세계적인 화제가 된 바로 그 작품이다. 그녀는 그런 담대한 퍼포먼스를 벌인 이유를 '여성의 성기를 그리는 것은 예술이고 보여주는 것은 왜 외설이냐'는 질문을 던지기 위해서라고 설명한다.

나는 그 그림도, 그 퍼포먼스도 충분히 이해하고 공감할 만큼 명화의 예술세계와 행위의 경지에 논평하거나 설명할 자신이 없다. 하지만 그런 화제의 명화가 걸려 있는 바로 그 자리에 직접 서 있었다는 역사적 사실만으로도 충분히 작품의 감동이 전해졌다. 그 정도면 족하다.

퐁피두센터는 공장이 아니다

1977년에 개장한 퐁피두센터는 겉으로 보이는 것처럼 공장건물이 아니다. 정식 명칭이나 기능은 엄연히 조르주 퐁피두 국립미술문화

도심 재개발의 성공사례 퐁피두센터

센터^{Centre National d'Art et de Culture Georges Pompidou}다. 박물관이 지어질 당시 조르주 퐁피두 대통령의 이름을 따서 붙였다.

공장처럼 생긴 투박하고 위압적인 건물 지지 골조, 외부 배관파이프 등 거칠고 노골적인 외관 때문에 더욱 유명해졌다. 지지 구조와 공기 공급 파이프는 흰색, 계단 등 운송 수단은 붉은 색, 전기 배선은 노란색, 수도관은 녹색, 공기 조화 파이프는 파랑색이다.

퐁피두센터는 한마디로 복합문화예술공간이다. 국립예술박물관에
는 파리의 화랑에 흩어져 있던 국가 소유의 20세기 현대 미술품들
을 모아 놓았다. 거대한 공공정보도서관, 산업 디자인 센터, 영화박
물관, 음악·음향 연구소도 서로 유기적으로 결합하고 있다.

샤를 드골 정부의 문화부 장관이던 앙드레 말로^{Andre Malraux}의 기획
이다. 실제 계획은 드골의 후임자인 조르주 퐁피두가 맡게 되었다.
그들은 미국의 뉴욕에 대항하는 국제예술의 중심지 파리를 원했다.
큰 도서관도 필요했다. 결국 1977년 마지막 날 퐁피두의 후임자인
지스카르데스탱 대통령이 센터의 문을 열었다.

퐁피두센터는 파리 중심부 재개발 계획의 일환이었다. 유지 보수
측면에서의 합리성을 도모한다며 수시 점검이 필요한 각종 설비를
건물 외부에 노출시킨 게 특징이다. 주변 경관과 부조화 등 전문가
와 시민들의 비판이 없지 않았다. 하지만 창조적인 건축가와 합리적
인 행정가의 조화는 성공적이라는 평가를 받고 있고 수많은 파리시
민들과 관광객들이 찾고 있다.

오늘날 서울을 비롯한 한국의 대도시는 도심 재개발 과제로 몸살
을 앓고 있다. 지난날 개발독재 시대의 근대화, 산업화 과정에서 졸
속, 속성으로 추진된 각종 산업시설들은 유휴시설로 전락하고 있다.
도시빈민들의 난민촌 같은 열악한 주거지역은 도심재개발 투기자본
들의 각축장이 되고 있다.

굳이 지난 2009년 1월의 '용산4구역 철거현장 화재 사건'을 떠올릴
필요도 없을 것이다. 그곳 말고도 도시문제의 새로운 화약고가 될
만한 갈등과 분쟁의 소지는 도처에 산재한다. 오르세미술관과 퐁피
두센터의 선례는 교범이다. 권력과 자본과 인간이 서로 상생하는 지
혜롭고 슬기로운 해법이 그 안에 있다.

나는 프랑스 제3공화국, 파리코뮌에서 태어났다
파리 '9월 4일 역'에서 혁명을 떠올리다

"9월 4일이라고? 지하철역 이름이 정말 '9월 4일'이라고? 아니, 프랑스 파리에 그런 역이 있다고?"

나는 순간 전율했다. 파리에 '9월 4일카트르 셉탕부르, Quatre-Septembre'이라는 이름의 지하철역이 있다는 사실을 처음 알고서는. 더군다나 그 날짜가 프랑스 제3공화국이 시작된 날을 기억하는 의미라서 더 기가 막혔다.

그 엄청난 사실을 발견한 건 우연이었다. 목수정 작가의 책 〈뼛속까지 자유롭고 치맛속까지 정치적인〉을 뒤적이다 116페이지에서 숨이 잠시 멈췄다. 그 페이지의 첫 문장 때문이다. 이렇게 시작된다.

"9월 4일4 Septembre, 이런 이름의 지하철역이 파리에 있다."

그건 마치 대학에서 지질학을 처음 배우면서 전기석Tourmaline이라

프랑스 파리의 9월 4일역

는 보석광물의 정체를 알게 되면서 느꼈던 묘한 흥분과 비슷한 감정이다. 마치 출생의 비밀을 밝혀낸 듯한. 전기석은 내 탄생석이다.

운명이라는 살아 꿈틀거리는 생명체의 거친 질감을 맨손으로 주무르는 듯 왠지 뭉클한. 운명이란 사는 동안 헤어날 수 없는 굴레라는 사실을 새삼 인정하고, 제 손으로 더 모진 굴레를 가시면류관처럼 머리에 얹는 그런 심정.

이 세상에, 프랑스 파리에 9월 4일역이란 게 있다는 그토록 놀라운 사실을 인지한 지도 얼마 되지 않았다. 대체 쉰 살을 넘어 살 때까지 그런 중요한 사실조차 까맣게 모르고 살았다니. 그것도 그 지하철역이 1904년부터 그토록 오랜 세월을 늘 그 자리를 지키고 있었다는데.

아무리 외국과 서양문물에 관심을 멀리하고 살았다 하더라도. 좀더 일찍 알았더라면 프랑스에, 유럽에 벌써 다녀왔을 텐데. 아예 눌러 앉아 살았을지도 모를 일인데. 그럼 그 이후의 내가 처해있는 세상과 생활이 많이 달라졌을 텐데. 몹시 안타깝고 억울했다.

내 생일은 제3공화국 9월 4일

어쨌든 다소 충동적인 이번 유럽여행을 결정하는 데 '9월 4일'은 결정적인 역할을 했다. 파리에 9월 4일 역이 있다는 사실, 그 역을 한번 가보고 싶다는 욕망이 8할은 넘게 작용했다. 믿음이 깊은 신앙인들이 성지순례를 염원하듯 죽기 전에 한번은 꼭 그 역을 가봐야 할 것 같았다.

이쯤에서 내가 왜 '9월 4일' 가지고 이토록 호들갑을 떠는지 밝히

9월 4일역 노선도

는 게 좋겠다. 대체 그 날짜가, 그런 숫자 따위가 대체 어떤 의미가 있는 건지 낱낱이 고백하는 게 좋겠다. 나한테 그 날짜와 숫자는 그 냥 날짜와 숫자가 아니다.

나는 9월 4일에 태어났다. 그러니까 9월 4일은 내 생일인 것이다. 비록 음력생일이라 프랑스 같은 서양의 그 9월 4일과는 서로 다른 날짜를 말하겠지만 상관없다. 내가 태어났을 때 대한민국도 9월 4일 역의 그 프랑스 시대처럼 제3공화국이었다. 1963년 가을 내가 태어 나고 두어 달 후쯤 5·16 군사정변 세력들은 제3공화국 간판을 본격 내걸었다. 대한민국도, 나도 공식 접수한 것이다.

그로부터 훗날, 내가 태어난 1963년이라는 해의 의미를 어느 정도

파악했을 때, 그 불쾌하고 불행한 심정을 〈혁명적인 1960년대〉라는 시의 형식을 빌려 기록한 적이 있다. "제3공화국에서 태어난 건 참 재수없는 일이었다"고.

"천구백육십사년 김승옥씨는, 무진기행을 무심코 꺼내 보였다 세상 사람들은 놀라 자빠졌다 아직은 세상 사람이던 전혜린 성균관대 독문과 교수도 놀라 자빠졌다

전교수는 명동 옛 국립극장 뒷골목으로 칠년 연하의 김씨를 끌고 들어갔다 오늘날 최불암씨가 된 아이의 엄마가 술과 밥을 팔던 은성 대폿집으로 두 남녀는 밤새도록 동반 통음했다

이건 혁명이에요 글을 이렇게도 쓸 수 있다는 게 이런 비루한 나라에 승옥씨 같은 세련된 작가가 살고있다는 건 기적이에요 구라파적이며 세기말적인 솜씨에요 이런 동양에서

그만 하시죠 몸둘 바를 모르겠습니다 자꾸만 그러신다면, 저는, 그리고 아무 말도 하지 않겠습니다

천구백육십팔년 김수영씨는, 시인답지 않게 버스에 치어 죽었다 혁명적 시인은 고사하고 더 이상 일반시민일 수도 없었다 프라하에서는 쏘련놈들이 체코슬로바키아의 들을 빼앗았다 곧 봄 마저 빼앗아갔다 빠리에서는 학생들의 데모가 동학혁명처럼 기승을 부렸다

천구백육십년대대 내내, 나의 유년과는 무관한 혁명들은 성황을 이루었다 나는 매일 아무 짓도 하지 않고 허구헌날 어린 애 취급을 당하거나 스스로도 어린 애 행세를 하며 지냈다 한낱 어린 애로서 어쩔 도리가 없었다 그래서 특별히 나무랄 데는 없는 어린 애의 태도였다 당시 나는 생존했을지언정 실존할 수는 없었다는 변명을 어른이 되면 꼭 하고 싶었다

내가 태어난 곳은 천구백육십삼년 제삼공화국이었다 더럽게 재수없는 일이었다"

프랑스 제3공화국의 생일도 9월 4일

프랑스의 3공화국은 1870년에 탄생한다. 당시 프랑스는 보불전쟁에서 프러시아에 연전연패한다. 절대적 열세에도 불구하고 국민방위군 정부는 저항을 주도한다. 마침내 1870년 9월 4일 파리에서 권력을 장악하고 아돌프 티에르 대통령의 제3공화국 수립을 선포한다.

프랑스 제3공화국은 1940년 제2차 세계대전 때 독일군에게 점령당하고 해방될 때까지 명맥을 유지한다. 역사에 밝은 이들은 제3공화국이 수립된 이듬해, 보불전쟁이 종전된 1871년을 그냥 지나칠 수 없을 것이다. 기어코 파리코뮌Paris Commune의 기억을 되살려낼 것이다.

그해 3월 18일부터 5월 28일까지 역사는 '파리코뮌'을 이렇게 기록한다. 프랑스 민중들, 특히 노동자 계급이 주도한 세계 최초의 사회주의 자치 정부. 파리코뮌에 참여한 파리 민중들은 야간 이념 학습까지 불사하며 일치단결했다. 규칙과 질서를 철저히 엄수하는 운명공동체였다.

그래서 70일이라는 짧은 기간이나마 자치 정부를 유지할 수 있었다. 10시간 노동, 노동자의 야간노동 철폐, 종교와 정치의 분리 등 사회 개혁안을 주장했다. 프랑스 제국주의 정부의 무능함으로 잉태된 제3공화국. 그리고 3공화국의 프랑스 민중들의 항쟁이 파리코뮌의 씨앗이자 불씨가 된 셈이다.

'9월 4일 역'은 노래가 되고 소설이 되었다

혁명의 도시, 코뮌의 도시 파리의 후손들은 선조들의 '9월 4일'을

파리 지하철의 2층 열차(위)
메트로 3호선 페레르 역에서
9월 4일 역으로(아래)

단지 역에만 새겨두지 않았다. 광장에도, 거리에도 9월 4일이라는 이름을 붙여놓고 기억하고 있다. '9월 4일 역'이라는 노래까지 만들어 부르고 있다.

싱어송라이터이자 배우, 그리고 배우 조니뎁의 부인이었던 바네사 파라디^{Vanessa Paradis}가 부른 'Station Quatre Septembre'라는 노래다. 조니뎁과 결별하고 나서 부른 노래라 그런지 더 애틋하고 처연하게 들린다. 한번쯤 들어보시기를. 특히 이 부분.

"Les nuits moites allonge sur le coco et la cendre^{재 위로 길게 누운 습한 밤들}, Le vin chenu, la misere nue mais quel bonheur ensemble^{최고급 와인, 비참한 가난, 그래도 함께 있으니 얼마나 행복한지}"

'9월 4일 역'은 프랑스 사람들에게만 의미를 남기지 않았다. 다소 뜬금없지만 유럽과 유럽인을 동경하는 일본에서도 새로운 의미로 부활했다. 일본 소설가 오오사키 요시오에 의해 9월 4일 역을 제목이자 소재로 삼은 〈9월의 4분의 1〉이라는 단편소설로 재탄생한 것이다.

소설 〈9월의 4분의 1〉의 줄거리는 단순하다. 다소 상투적이거나 통속적으로 느껴질 정도다. 일본 현대소설 특유의 다소 가볍고 사소한 이야기다. 마침 '9월 4일 역'의 존재를 알고 난 직후 동명의 자전적 소설을 진지하게 구상하고 있는 나로서 좋은 점수는 줄 수 없다.

남자주인공은 유럽여행을 떠난 소설가 지망생이다. 벨기에 브뤼셀의 비오는 거리에서 우연히 한 일본인 여자를 만난다. 이쯤 되면 결말은 뻔하다. 이루어질 수 없는 하룻밤의 풋사랑이거나 한여름밤의 꿈. 예상은 크게 틀리지 않는다. 그 여자는 홀연히 떠나면서 남자에게 급히 짧은 편지를 남긴다.

"지금부터 파리로 떠나요. 함께 하고 싶지만, 겐지와 함께 있으면 슬픔을 모두 이야기해버릴 것 같아서, 그것이 무서워서 우선 여기를 떠납니다. 소설, 쓰세요. 체념하면 안돼요. 당신은 반드시 쓸 수 있어요. 나도 열심히 할게. 여러 가지로 정말 고마워. 그리고 동양인의 연대감에 건배. 다음에는 9월 4일에서 만나요. - 나오"

나처럼 파리의 '9월 4일 역'의 존재를 모르던 겐지는 "9월 4일에 9월 4일 역에서 만나자"는 나오의 편지를 이해하지 못한다. 그렇게 사랑이 스쳐 지나갔다. 13년이 지나 겐지는 원하던 유명 작가도 되고 프랑스 9월 4일 역도 다시 찾았지만 나오는 더 이상 그곳에 없다. 아무 데도 없다.

9월 4일역에서 9월 4일을 한참 돌아보다

나도 이번에 파리에서 만날 수 있었던 사람을 만나지 못했다. 어느 지하철역 근처에서 빵집을 하고 있다는 한국인 제빵사다. 프랑스에서 가장 맛있는 바게트를 만드는 10인 가운데 한 사람이라고.

지인이 친구라고 알려줬다. 파리에 가면 찾아가 보라고 했다. 프랑스 10대 바게트에 드는 유명한 빵맛도 좀 보고. 그런데 가는 날이 장날이었다. 마침 빵집이 쉬는 날이었다. 빵집 일이 얼마나 힘든 일인지 많은 이로부터 들어서 잘 안다. 그런 나로서 객지 프랑스에서 프랑스 빵을 만들다 지쳐서 쉬고 있는 사람을 나오라고 할 수는 없었다. 아무도 기약할 수 없는 다음 기회를 형식적으로 기약했을 뿐.

어디서든, 만날 사람은 만나고 만날 수 없는 사람은 만나지 못한다. 사랑도 마찬가지다. 인연은 거의 숙명적이다. 비록 만날 사람은 만나지 못했지만 파리 '9월 4일 역'으로 향하는 지하철 여행은 전허 아쉽지 않았다. 한국의 제3공화국에서 9월 4일에 태어난 내가, 프랑스의 제3공화국이 열린 날을 기억하는 파리의 9월 4일 역에 가 보다니.

9월 4일 역을 열차가 천천히 지나치면서 50여년 전 내가 태어난 시대와 장면이 파노라마처럼 스쳐 지나갔다. 내가 태어난 9월 4일을 자꾸 되돌아 보고 있으려니, 마치 9월 4일 역에서 태어난 기분이 들었다. 9월 4일 역의 터널이 고향역 지붕처럼, 어머니의 자궁처럼 느껴졌다. 그러자 나는, 착해지고 자유롭고 평화로워졌다.

파리는 사랑을 만나고 헤어지기 좋은 도시다
퐁네프다리에서 연인 줄리엣 비노쉬를 재회하다

파리는 사랑의 도시다. 예술과 낭만의 도시다. 누가 한 얘기인지는 모르겠으나 센강변을 가서 보니 무슨 소리인지 알겠다. 흐르는 강물을 바라보고 있으면 마치 사랑이 강물처럼 흐르는 듯한 착시현상을 겪는다. 그 강이 한국의 4대강이 아니라 센강이라는 사실 때문에 괜히 가슴이 뛴다.

센강변에는 예술과 낭만이 깃발처럼 나부낀다. 잡다한 예술소품과 기념품을 펼쳐놓은 노점상들이 분위기 있는 풍경화를 구성하고 있다. 강에 걸쳐 있는 돌다리 하나하나가 그 시대를 대변하는 역사적인 조형물이다. 그 자체가 품격있는 작품이다.

그렇게 어설픈 딜레탕트Dilettante 처럼 센강변을 소요하다 문득 걸음을 멈추게 된다. 눈에 띄는, 또는 눈에 익지 않은 장면을 마주치는

'사랑의 자물쇠'로 몸살을 앓고 있는 퐁네프 다리

순간이다. 센강변의 다리 난간마다 어김없이 사랑의 자물쇠가 주렁
주렁 매달려있다. 전 세계의 연인들이 파리로 달려와 오직 사랑 하
나에 목을 매달고 있는 듯하다. 좀 섬칫하다.

　그런 열렬한 사랑의 시절을 한참 지나친 나로서는 좀 너무하다 싶
은 생각이 들었다. 뭐든 지나치면 늘 문제가 된다. 사랑도 마찬가지
다. 지나친 사랑은 오래가지 않는다. 영원할 수 없다. 사랑을 좀 해
봐서 안다. 아무리 사랑의 도시 파리에서 벌이는 행위라고 해도 지
나치면 별수없다. 그래서 걱정됐다.

사랑이 강물처럼 넘쳐 흐르는 세느강

아니나 다를까, 파리는 지금 너무 지나친 사랑의 자물쇠 때문에 크게 몸살을 앓고 있다는 소식이다. 아름다운 다리가 사랑과 예술과 낭만의 징표나 문신이 아니라 심각한 도시 문제가 되고 있다는 것이다. 센강의 다리마다 사랑하는 연인들끼리 이름을 새긴 자물쇠가 수십만개에 이른다고 한다. 파리에서 불멸의 영원한 사랑을 확인하고 싶은 전 세계 연인이 수십만 쌍이 넘는다는 얘기다.

하지만 사랑을 하지 않는, 사랑을 잃고 상심한 파리 시민들에게 자물쇠는 그저 차가운 쇳덩어리일 뿐이다. 유치한 연인들의 치기어린 사랑의 장난일 뿐이다. 게다가 다리에 자물쇠를 매단 후 열쇠를 센강에 쓰레기처럼 투기하다니. 그걸 영원한 사랑을 추억하려는 '사랑의 의식'이라니. 눈에 거슬리고 못마땅할 뿐이다.

사랑을 힘겨워하는 파리시민들이 적지 않았나 보다. 마침내 수천 명의 파리시민들이 들고 일어났다. 자물쇠가 보기 싫다며 부착을 금지하자는 청원을 제기했다.

'사랑의 자물쇠는 이제 그만No Love Locks'

청원의 명분과 이유는 다분히 설득력이 있다 수십만 개의 자물쇠 무게 때문에 센강의 다리가 구조적으로 붕괴될 위험이 있다는 것. 실제로 퐁데자르 다리의 난간 일부가 자물쇠 무게를 견디지 못하고 무너지는 사고도 발생했다. 고작 몇 유로 짜리 사랑의 자물쇠로 사랑을 증명하려다 다른 사람을 위험에 빠뜨린 셈이다. 한마디로 정신 나간 짓이라는 것이다.

'퐁네프의 연인들'은 퐁네프 다리에서 촬영하지 않았다

어쨌든 파리는 사랑을 하기 좋은 도시임에는 틀림없다. 애초 시민들이 사랑을 하기에 편리하도록 설계하고 건설한 도시가 아니었을까. 오늘날 파리를 배경으로 한 몇편의 영화를 보면 그런 생각이 더 굳어진다. 주로 운명적인 사랑을 주제로 삼은 많은 사랑영화들이 파리를 무대로 하고 있다. 줄리 델피의 '비포 선셋', 우디 앨런의 '미드나잇 인 파리', 코엔형제가 연출한 '사랑해, 파리'에 이르기까지.

그중 내가 선정한 불멸의 박스오피스 1위는 단연 줄리엣 비노쉬의 〈퐁네프Pont Neuf의 연인들〉이다. 아마도 청년 시절 〈프라하의 봄〉에 이어 그 영화를 보고 난 직후였을 것이다. 프랑스 여배우 줄리엣 비노쉬를 특별히 좋아하기로 결심한 결정적 계기가.

영화에서 줄리엣 비노쉬는 비참한 신세다. 사랑을 잃고 또 시력까지 잃어가는 그림 그리는 여자 '미셸'이다. 걸인처럼 거리를 방황하다 폐쇄된 퐁네프 다리 위에서 비슷한 처지의 곡예하는 남자 '알렉스'를 만난다. 그리고 서로 치열하고 처절하게 사랑을 나눈다. 마치 내일이란 없는 것처럼. 그리고 숙명처럼 헤어진다. 3년 후 크리스마스에 재회하기로 약속하고. 약속은 지켜진다.

그런데 레오 카락스 감독에 의해 영화로나마 불멸의 사랑이 실연된 퐁네프 다리는 실제 다리가 아니다. 250억 원의 제작비가 들어간 거대한 세트다. 30만 평 규모의 세트장에 '퐁네프'를 완벽하게 재현한 것이다. 프랑스의 건축가, 조각가, 연극무대 디자이너 등 2만여 명이 세트 제작에 총동원되었다. 심지어 실제 수심 20m 정도로 운하처럼 파서 센강까지 만들었다. 세기적인 사랑의 명화, 〈퐁네프의 연인〉들은 그저 시나리오 한편으로 뚝딱 탄생한 게 아니었다.

어쨌든 퐁네프 다리는 퐁네프의 연인들로 인해 세계적인 명소가 되었다. 센강에 놓인 36개의 다리 가운데 9번째 다리다. 놓은 지 400년이 넘는, 파리에서 가장 오래된 다리로서 세계문화유산으로 지정되었다. 당초 목조였으나 석조로 재건되면서 당시로서는 새로운 양식으로 건축했다는 이유로 '새로운Noef'이란 이름을 붙였다고 한다. 맞다. 퐁네프의 다리에서는 지금도 늘 새로운 사랑이 만나고 헤어질 것이다.

14억 중국인 소비자가 사랑하는 관광상품, 파리

파리가 세계적인 사랑의 도시임에 틀림없는 증거는 또 있다. 중국인들이다. 14억 명의 중국인들도 파리를 사랑한다. 조금 과장을 하

파리를 사랑하는 중국인 관광객들이 점령(?)한 개선문

자면 파리에서 파리시민보다 오히려 중국인들을 더 많이 목격했다. 에펠탑, 개선문, 샹젤리제 거리 등 가는 곳마다 중국인들이, 중국인 관광객들이, 중국인 소비자들이 파리를 온통 점령하고 있었다. 발길 닿는 대로 차이나타운이었다. 마치 '유커游客'가 장악한 한국의 명동이나 제주도 같았다.

프랑스 사랑이 지나친 중국인들은 프랑스 관광 기네스 신기록을 세우는 호기를 부리기도 했다. 중국 모 그룹에서 창립 기념으로 전체 직원의 절반이 넘는 6400여 명을 단체로 프랑스 관광을 보낸 것이다. 전세기 84대, 칸과 모나코의 객실 7900개, 버스 146대가 동원되었다고 한다.

이들은 파리에서는 루브르박물관, 에펠탑 등을 돌아보는데 1300만 유로약 160억 원를 지출했다. 돈을 물 쓰듯 한 셈이다. 물론 프랑스관광청이나 프랑스 정부에서 이 중국인들을 귀빈 대접한 것은 물론이다. 중국인 관광객들은 프랑스를 찾는 외국인 순위에서 일본을 제치고 5위에 올라섰다.

이렇게 중국인 관광객들이 많이 몰려갈 법한 이른바 세계적인 관광명소는 가지 않겠다는 게 이번 여행에서 나름대로의 원칙이었다. 그래서 파리에서는 에펠탑, 개선문, 루브르박물관 등을 관광 기피 목록에 적어 놓았다. 하지만 원칙은 지키기 어려운 것이다. 에펠탑과 개선문은 그냥 지나칠 수 없었다.

물론 가 보려고 간 게 아니다. 지나던 길에 에펠탑이 눈에 띄었다. 그냥 스쳐 지나칠 수 없을 만큼 인상적인 모습으로 불쑥 눈앞에 나타났다. 에펠탑은 너무 높고 커서, 개선문은 숙소 옆이라서 눈에 띄지 않을 수 없는 존재였다. 사람이든 사물이든 존재감이란 게 바로 그런 의미일 것이다.

에펠탑보다 네모 반듯한 가로수가 더 인상적

에펠탑은 생각보다 더 크고 더 멋졌다. 큰데 아름다웠다. 1889년 프랑스혁명 100주년 기념 세계박람회의 출입 관문으로 교량기술자 귀스타프 에펠이 독특하게 디자인한 덕택이다. 그토록 큰 철구조물을 불과 몇 달만에 뚝딱 건축했다고 한다. 당시 경이로운 철구조물 토목공학과 건축설계술로 화제가 되었다. 높이 324m로 1930년 까지 세계에서 가장 높은 구조물이었다. 오늘날은 4개의 반원형 아치 기단 등 미학적 가치가 더 평가받고 있다.

연간 수백만 명의 관광객이 에펠탑에 오른다고 한다. 에펠탑 주변에는 중국인 관광객들이 타고 온 관광버스들이 줄을 서고, 엘리베이터 앞에는 중국인들이 줄을 서 있다. 나는 관광지든, 식당이든, 극장이든, 승진이든, 파벌이든 줄을 서는 모든 행위를 싫어한다. 위에서 아래쪽을 내려다보려는 욕망도 거의 없다. 아래에서 땅을 딛고 파란 하늘을 배경으로 하는 에펠탑의 정점을 올려다보는 게 더 좋다. 그래서 에펠탑 앞에 줄을 서지도, 에펠탑을 오르지 않았다.

나에게는 에펠탑보다 더 인상적인 게 있었다. 가로수다. 광장에서 육군사관학교까지 열병하듯 도열한 가로수. 네모 반듯하게 머리를 깎은 모습이 잘 훈련된 근위병의 모습처럼 보였다. 에펠탑과 서로 조화를 이루고, 대화를 자꾸 시도하는 것처럼 느껴졌다. 그래서 에펠탑보다 가로수를 더 많이 바라보고 왔다.

높이가 50m나 되는 웅장한 개선문은 로마의 개선문을 따라 한 것이다. 그런데 로마 콜로세움경기장 앞의 개선문보다 더 크고 높았다. 파리의 것은 에투알 개선문Arc de triomphe de l'Etoile이라 부른다. 개선문이 세워진 샤를르 드골광장을 축으로 12개의 거리가 갈라져 위에서 보

네모 반듯하게 머리를 깎은 가로수가 인상적인 에펠탑

면 마치 별Etoile모양으로 보인다고 붙인 이름이다. 1806년 나폴레옹이 기공했다. 개선문 안의 무명용사 무덤에는 등불이 영원히 꺼지지 않고 헌화도 시들지 않는다고 한다.

비가 내렸지만 개선문에서 샹젤리제 거리까지 걸었다. 샹젤리제 거리Avenue des Champs-Elysees는 개선문에서 콩코르드 광장까지 약 2km에 걸쳐 있는 대로다. 명품 상가, 식당, 영화관, 기념품점 등이 몰려 있다. 샹젤리제 거리를 걸으면서 이 거리의 이름을 딴 'Aux-Champs-Elysees'란 노래를 자꾸 흥얼거렸다. 물론 '오 샹젤리제' 구절만 계속 반복해서.

마침 거리에는 비가 내렸다. 비가 오는데 샹젤리제 거리에는 그냥 비를 맞고 걸어다니는 파리 시민들이 눈에 많이 띄었다. 비를 피하려 걸음을 재촉하는 다급한 모습도 아니었다. '비가 오는데 왜 우산을 쓰지 않는지' 몹시 궁금했으나 물어보지 않았다. 나도 웬만하면 비가 와도 우산을 쓰지 않고 쫓기듯 뛰지도 않는다. 우산 없이 몸으로 비를 맞고 걸으면 하늘과 접선하는 기분이 된다. 그리고 비를 좀 맞아도 죽지 않는다.

샹젤리제란 이름은 엘리시온 들판Elysian Field이라는 뜻이다. 고대 그리스인들이 행복한 영혼이 죽은 후에 가는 곳이라고 믿었다. 우리나라의 도시에도 그런 행복한 이름과 뜻을 가진 거리가 있으면 좋겠다. 행복한 도시의 행복한 거리를 걷는 행복한 시민이라도 되고 싶다. 돈이 드는 일도, 어려운 일도 아닐 것이다.

어제는 독일, 오늘은 프랑스, 미래는 녹색이 주인이다
트램, 공유 자전거의 '녹색 재생도시' 스트라스부르그

"한국인이시죠."

그녀가 힐끗 돌아봤다. 프랑스 길거리에서 느닷없이 튀어나온 한국말을 얼른 알아들었으니 한국인이 틀림없겠다. 유럽을 며칠 돌아다니다 보니 중국인과 한국인과 일본인은 확연히 구별이 된다. 서양인이 보기에는 거기서 거기겠지만 같은 동양인이 보기에는 서로 다르게 생겼다. 그 전에 뭔가 다른 느낌이 온다. 논리적으로 설명하기는 좀 어렵다.

한국인으로 판명된 그녀가 사무적인 한국말로 짧고 건조하게 대답했다. 이전에도 나같이 촌스러운 한국인 관광객으로부터 그런 질문을 받아본 게 한두 번이 아니라는 듯.

"아, 네."

"그런 것 같았어요. 저는 한국에서 온 관광객이에요. 그런데, 여기 아이스크림 가게가 어디 있나요. 덥고 목이 말라서. 아무리 둘러봐도 가게가 보이지 않고 프랑스 말도 못하니 누구한테 물어보기도 그렇고. 프랑스에서 되지도 않는 영어를 쓰면 싫어한다고 해서. 그러던 참에 반갑게도 한국인이 눈에 띄어서 이렇게 실례를 무릅쓰고…."

얼굴을 보니 역시 한국인의 인상과 표정이다. 무뚝뚝하다. 골격도 중국인은 좀 더 넓게, 일본인은 좀 더 좁게 생겼다. 나이는 40대 중반 정도나 됐을까. 아마도 미술을 공부하고 싶은 꿈을 이루려고 만학도의 가시밭길을 선택한 가난한 유학생이 아닐까. 아니면 유럽을 이리저리 자유분방하게 떠도는 한국인 집시.

프티 프랑스의 풍경을 그리는 한국인 길거리 화가

그녀는 프티 프랑스 골목 한 귀퉁이에 자리잡고 열심히 그림을 그리고 있었다. 주로 프티 프랑스의 동화 같은 길거리 풍경화를 그리는 길거리 화가로 보인다. 학비나 생활비를 벌려고 아르바이트를 하는 것이겠지. 머나먼 이국에서 어떻게 그림을 그리며 살게 됐는지 궁금했다. 물어보고 싶었으나 그녀의 안색이 피곤해보여 참았다.

"저기 카페가 있는 광장을 돌아서 골목으로 들어가면 아이스크림 가게가 하나 있어요."

그녀의 다소 까칠한 태도 때문에 원하는 답을 들을 것으로 기대하지 않는데 의외로 친절하게 길을 가르쳐 준다. 그녀 역시 몸 안에 흐르는 한국인의 피는 어디에서 살든지 잊을 수 없을 것이다. 아

프티 프랑스의 풍경을 그리는 한국인 길거리 화가

무리 귀찮더라도 프랑스인이나 독일인이 아닌 같은 한국인을 대하니 냉정하게 외면하지는 못하는 것이다.

"고마워요. 그림이 참 좋네요."

나는 그림과 그림을 그리는 모습이 좋아보여 무심코 사진을 몇 컷 찍었다. 그러자 그녀는 정색하며 손사래를 쳤다.

"사진은 찍지 마세요. 찍은 사진은 어서 지워주세요."

당혹스러웠다. 그저 그림이 좋아보여서 찍은 것인데, 그림 실력을 인정해주면 좋아할 줄 알았는데. 무엇보다 한국에 돌아가면 프랑스 스트라스부르그의 프티 프랑스 어느 골목에 가면 한국인 화가가 있다, 멋진 그림을 그리고 살고 있다고 조국의 동포들에게 널리 알려줄 생각이었는데.

아무리 길거리 화가이지만 예술가로서 자존심을 건드렸다는 건

가. 길거리 화가라 무시했다고 오해한 건가. 굳이 그렇게 생각할 것까지야. 이 아름다운 나라와 도시에 이주해 살면서까지 좀 더 너그러워질 수는 없었던 걸까. 한국인 그녀의 사는 방식이 좀 힘겨워 보였다. 한국인의 혈통과 숙명이 여기까지 따라왔나 싶어 좀 안타까웠다. 그녀는 어쩔 수 없는, 틀림없는 한국인이었다.

프랑스 같은 독일, 독일 같은 프랑스, 스트라스부르그

2014년 5월 대산농촌재단의 농촌공동체 해외연수단에 운 좋게 참여했다. 태어나서 처음으로 섬 아닌 섬, 한국의 땅과 하늘을 벗어나는 사건이었다. 독일, 오스트리아의 농촌 지역을 열흘 동안 돌아다니는 일정이었다.

그래서 떠나기 전 프랑스에 간다는 생각은 미처 하지 못 했다. 일정표에서 스트라스부르그라는 지명을 얼핏 보기는 했으나 그곳이 프랑스일 것이라고는 생각하지 못했다. 당연히 스트라스부르그로 발음되니까 독일의 어디라고만 생각했지 프랑스 땅이라고는 차마.

살펴보니 역사적으로, 지리적으로 얼마든지 그렇게 착각할 만하다. 라인강을 사이에 두고 독일과 프랑스의 접경지역이자 분쟁지역 스트라스부르그Strasbourg. 그동안 땅의 주인이 독일과 프랑스로 몇 번이나 뒤바뀌었다.

아닌 게 아니라 9세기에는 신성로마제국이다가 1681년까지 독일 땅이었다. 프랑스의 루이 14세가 접수하면서 프랑스 땅이 되었다. 프로이센-프랑스 전쟁 이후 18세기에는 다시 독일로 점유권이 넘어갔다. 1차대전이 끝나면서 또 프랑스의 땅이 되었다. 아직도 '알자시

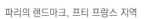
파리의 랜드마크, 프티 프랑스 지역

앵'이라는 독일어 방언이 남아서 통용되고 있을 정도로 독일이면서 프랑스 땅이 스트라스부르그이다. 과연 '길의 마을'이라는 뜻을 지닌 도시답다.

독일에서 라인강을 도강하면서 만나는 스트라스부르그의 풍광은 그 극적인 역사만큼이나 서사적이면서도 서정적이다. 수백 년은 족히 되어보이는 오래된 목조건물, 돌로 포장된 도로, 운치있는 운하와 다리. 과연 1988년 도시 전체가 유네스코의 세계문화유산으로 지정될만하다. 마치 잠실이나 용인에 조성된 대규모 놀이공원같다.

스트라스부르그는 행정적, 정치적으로 중요한 도시다. 청소년기에 교과서에서 배운 알퐁스 도데의 소설 '마지막 수업'의 무대인 알자스주의 청사가 자리잡고 있다. 2000년의 역사를 자랑하는 고도로 유럽평의회, 유럽연합EU 의회 등이 있어 '유럽의 수도'로 불린다. 지정학적으로 유럽통합의 상징이다.

도시의 랜드마크는 단연 프티 프랑스Petite France 지역이다. 고풍스런

회전목마가 돌고 있는 구텐베르크 광장

건축물이 즐비하고 깊은 골목이 이어지는 고도를 걷다 보면 마치 그림동화책의 주인공이 된 듯한 착각에 빠진다. '작은 프랑스'라는 뜻의 프티 프랑스는 이곳에 위치했던 병원의 이름에서 유래한다. 국경 접경지대로 전쟁이 잦았던 이 지역에서 성병에 걸린 군인들이 치료 받았다.

붉은 사암의 웅장한 고딕건축물인 노트르담 대성당은 이 도시의 불편하고 아픈 역사를 치유하려는 듯하다. 마치 도시의 무게중심을 잡고 있는 모양이다. 142m 높이로 솟은 15세기의 첨탑이 도시를 수호하는 솟대같다.

구텐베르크의 동상이 서 있는 구텐베르크 광장도 이채롭다. 광장에는 유원지처럼 회전목마가 돌아가고 있다. 유럽 최초의 금속활자를 발명한 구텐베르크는 1434년 당시 신성로마제국령이었던 스트라스부르그로 이주했다. 이후 6년여 동안 이곳에서 금속 세공기술을 연마했다고 전해진다.

전기 트램, 공유 자전거 등으로 '녹색 재생도시'의 미래로

　라인강변의 역사적 고도 스트라스부르그는 역사책에만 기록된 정체된 관광도시가 아니다. 오늘날 전 세계의 도시행정가들이 견학을 오는 친환경 도시재생의 성공사례로 떠오르고 있다.

　전기로 움직이는 트램Tram, 자전거 중심의 교통체계를 기반으로 친환경 도시재생사업을 혁신적으로 추진하고 있다. 인구 26만 명의 프랑스 9대 도시인 스트라스부르그는 그동안 차량 증가에 따른 교통 정체, 환경 오염에 시달려 왔다. 시는 친환경적인 방법을 통한 도시재생 말고는 대안이 없다고 결정했다.

　그래서 1990년부터 10년간 시민이 중심이 된 제1차 지역발전계획을 통해 도심의 생활 환경부터 개선했다. 이어서 'Strasbourg Eco 2020 프로젝트'로 대중교통·보행자 중심의 친환경도시를 조성했다. 특히 트램, 자전거, 카셰어링, 보행 사업 등을 통한 대중교통체계 개선을 위해 공공 투자를 아끼지 않았다.

　스트라스부르그의 트램은 모두 전기로 움직인다. A에서 F까지 6

'녹색 재생도시'의 미래로 달려가는 '전기 트램'

개 노선, 69개 역을 보유하고 한달 30만 명이 이용하는 프랑스 최대 규모다. 이른바 'Park & Ride' 네트워크로 자동차 수요를 억제한 점도 남다른 성과다. 이는 자동차 이용자가 트램 정거장이나 도심지에서 몇 분 걸리지 않은 가까운 곳에 주차할 수 있도록 하는 것이다.

또한 시내 곳곳에는 자전거 주차장과 자전거 대여 시스템이 자리 잡고 있어 카셰어링으로 시민들이 언제, 어디서든 차량을 편리하게, 효율적으로 공유할 수 있다. 현재 생활, 레저 등에 이용하기 위해 530km가 넘는 자전거 도로가 개설되어 있다. 별도로 라인강변의 고성을 찾는 관광객들을 위해 85km에 달하는 성곽 자전거 트레일 코스도 만들었다.

자전거 공유 시스템인 'Velhop'도 인상적이다. 스트라스부르그시는 지속가능하고 자연스러운 교통이동성을 위해 4400대에 이르는 Velhop 시스템을 운영 중이다. 대전 등 한국의 일부 도시에서 벤치마킹한 모델이다.

이밖에 친환경 먹거리를 자급자족할 수 있는 도시근교 시민농장을 분양하는 등 다양한 도시재생 프로젝트를 펼치고 있다. 이렇듯 스트라스부르그의 미래비전은 한마디로 '그린시티'다. 녹색도시다. 하지만 한국 정부의 그 '녹색'과는 정책의 진정성과 효과면에서 근본적으로 차이가 난다.

유럽의 고도, 유럽의 수도로서 관광명소인 스트라스부르그의 녹색 재생도시 행보는 과거에만 머무르지 않겠다는 의지의 표현이자 실천이다. 유럽의 생태 도시, 유럽의 친환경수도로 도시를 재생하겠다는 것이다. 결국 외부 관광객의 구경거리가 아닌 내부 정주시민들의 삶의 질이 높은 도시로 거듭나겠다는 것이다. 그래야 미래의 스트라스부르그에서도 시민들이 계속 살아갈 수 있다는 것이다.

스위스

취리히에는 소록도 간호사가 살고 있다
반호프에서 취리히호수까지 난민연습을

"겨울여행은 짐이 많아서 불편하지요. 한국에서 가져오실 것은 전혀 없습니다. 저희 집에서 편하게 지내세요."

어느 날, 스위스에서 날라온 비공식 초청장이다.

"집이 작고 좋은 말로 검소하게 산다고 표현하지만 대부분 놀라지요. 다 버리고 사는 모습이어서 그런가 봐요. 보이는 것같이 가난하지 않다고 얘기합니다. 친구나 가족들은 저희한테 마음 편하게 지내다 가고 또 오지요. 정풀님 부부도 그렇게 하셨으면 좋겠습니다."

스위스 취리히에 사는 그녀를 처음 알게 된 건 아마도 7~8년 전일 것이다. 만난 장소는 '오래된 미래마을'이다. 이 마을은 실재하지 않는 인터넷카페 마을이다. 그 가상의 공동체마을의 원주민이자 세계시민인 내 이름은 호적과는 달리 '정풀'이다.

그러니까 그녀는 멀리 스위스에서 오래된 미래마을에 보내는 이메일을 통해 조국과 고향의 소식을 전해 듣곤 했나 보다. 오래된 미래마을이 마치 고향 고흥의 마을 같았나 보다. 그 마을에서 정풀이라는 주민이 아등바등 어설프게 살아가는 모습이 어쩌면 고향 마을의 어느 주민의 모습 같았나 보다.

스위스 취리히에서 조국의 오래된 미래마을로 띄운 편지

그녀는 간혹 고향에 대한 그리움을 가득 담아 카페에 짧은 단상을 올리곤 했다. 그리고 크리스마스 같은 계절이면 스위스의 초콜렛을 선물하기도 했다. 나는 답례로 내가 쓴 책을 몇 권 보냈던가. 또 너무나 멀고 낯선 유럽의 이국적인 풍경과 분위기를 생생하게 전해 주곤 했다. 때론 희소식을, 때로는 안타까운 소회를.

"통일된 독일이 참 부러웠다. 부러워 애써 외면했다. 10년이 넘고 시간이 또 흐르고. 그러다 서울의 조카가 겨울 방학여행으로 뉴욕에서 취리히에 도착한 날, 그 아이를 앞세우고 백림으로 간다. 동서 백림의 지하철을 타고 돌면서 그 당시 그 분들…. 생각해야 한다. 말을 잃다."

올해 새해 인사도 잊지 않았다.

"서로 많은 복을 받자는 그 말조차 하기 부끄러워 새해 인사도 못하고 해가 바뀌었네요. 잘 지내시지요?"

그동안 그녀가 내게, 아니 고국과 고향 사람들에게 띄운 짧은 편지 가운데 특별히 잊히지 않는 게 있다. 지난 2012년 12월 19일, 대선이 치러진 날이다.

"많은 사람이 투표에 참여했으면 합니다. 결과에 따라 제 자신이 국적을 옮기지 않게 되기를 바라는 마음뿐입니다."

그리고 그 다음날 그녀는 이렇게 글을 올렸다.

"이제 저는 스위스 국적을 취해야겠습니다."

나도 그날 선거결과에 충격을 받고 비몽사몽 꿈과 생시 사이를 헤매던 중이었다. 하지만 이 글을 보고 정신이 번쩍 들었다. 멀리 스위스에서 날아온 말로 형언하기 어려운 절망감을 접하고 겨우 힘을 내 몇 자 답신을 올렸다.

"저는 다시는 '대한민국 국민'으로 나서지 않겠습니다. 그냥 '마을 시민'으로, 또는 세계시민으로 살겠습니다."

오스트리아 수녀님이 소록도에서 스위스로

스위스에서 그녀를 부르는 이름은 아그네스. 영세명이다. 한국 이름은 김재옥. 고향은 소록도가 있는 전남 고흥. 나이는 오십대 중반. 사회학을 공부했다는 남편을 스위스의 하늘나라로 먼저 보냈다. 지금은 치과의사이지만 개업을 하지 않고 락 밴드에 빠져 사는 자유인. 30대 아들 '비호'와 둘이 산다.

직업은 간호사. 30년 전 소록도에서 한센병 환자들을 돌보다 스위스로 넘어왔다. 오스트리아에서 소록도로 건너온 오스트리아 수녀님이 그녀를 스위스로 보냈다. 스위스 병원에서 한국간호사 한 사람을 추천해 달라고 하자 그녀를 낙점한 것이다. 서로 태어난 나라와 사는 나라를 맞바꾼 셈이다.

그 수녀님들은 이제 소록도에 없다. 당초 소록도에서 생을 마감하

취리히에서 만난 아그네스

기로 작정했으나 몸이 아파 그럴 수 없었다. 소록도 주민들에게 짐이 되기 싫었다. 그래서 10여 년 전 조국 오스트리아 인스부르크로 돌아갔다.

요즘 아그네스는 그 수녀님들을 만나러 인스부르크의 수도원을 자주 찾는다. 수녀님들은 그곳에서 3평 남짓한 단칸방에 살며 소록도와 한국을 그리워하며 여생을 보내고 있다고 한다. 방문 앞에는 평생 좌우명처럼 삼았던 경귀가 한글로 써 있다고 한다.

"선하고 겸손한 사람이 되라."

두 수녀님은 1960년대 초반에 소록도에 들어왔다. 20대 꽃다운 청춘이었다. 육지와 세상 사람들과 격리된 소록도에서 40년 넘게 '할매' 소리를 들을 때까지 한센병 환자를 가족처럼 돌봤다. 소록도 주민들은 수녀님들을 '살아있는 성모 마리아'로 불렀다.

오스트리아 수녀님 두 분은 한국에서 꽤 유명하다. 신화 같은 미담 때문이다. 2005년 겨울 새벽 아무도 모르게 마치 야반도주하듯 오스트리아로 돌아갔다. 편지 한 장 달랑 남기고, 가방 하나 달랑 들고서. 소록도 주민들이 송별식을 마련하는 것도 미안했던 것이다. 그 사연은 당시 신문에 대서특필되었다.

"한센병 환자 등 소록도 주민들은 이별의 슬픔을 감추지 못한 채 일손을 놓고 성당에서 열흘 넘게 두 수녀님을 위한 기도를 드리고 있다."

소록도 주민들에게 두 수녀님, 마리안 수녀와 마가레트 수녀가 얼마나 소중한 존재였는지 충분히 가늠할 수 있다. 전라도 사투리까지 능숙하게 구사하는 두 수녀님을 소록도 사람들은 '할매'라고 불렀다. 오스트리아의 이국인이 아니라 소록도 사람으로 대접한 것이다.

두 수녀님의 인간애 실천은 일반인의 인격과 품성을 초월한다. 장

갑을 끼지 않은 채 한센병 환자의 상처에 약을 발라줬다. 한센인 자녀를 위해 영아원을 운영하는 등 보육과 자활 정착사업에 헌신했다. 대한민국 정부에서 오스트리아 국민인 이들에게 국민포장, 국민훈장 모란장을 수여했을 정도다.

수녀님들이 소록도를 떠나며 '사랑하는 친구 은인들에게' 남긴 편지는 아직도 인구에 회자된다. 감동적이다. 남의 일로 들리지 않는다. 인간과 공동체와 정의가 자꾸 사라지는 현대를 살아가는 누구나 한번쯤 읽어볼 필요가 있다.

"나이가 들어 제대로 일을 할 수 없게 되어 우리들이 있는 곳에 부담을 주기 전에 떠나야 한다고 동료들에게 이야기해 왔는데 이제 그 말을 실천할 때라 생각했다. 부족한 외국인으로서 큰 사랑과 존경을 받아 감사하며 저희들의 부족함으로 마음 아프게 해 드렸던 일에 대해 용서를 빈다."

반호프 거리에서 취리히 호수까지 난민생활 연습을

소록도 출신 한국인 간호사 아그네스가 살고 있는 취리히는 스위스 최대 도시다. 알프스산, 취리히호, 리마트강의 거대한 자연이 취리히의 풍광을 결정하고 있다. 인간은 취리히의 운명을 결정했다. 로마인들은 BC 58년경에 이 지역을 점령했다. 아직도 시내 한복판 리마트 강변에는 당시 로마인들이 건설한 돌로 포장한 골목길이 남아 있다.

취리히는 재정과 공업의 도시로 일컬어진다. 유럽은 물론 세계금융의 중심지다. 역사적으로 상인들이 도시에 정착해 유럽 교역로를

이으면서 재정과 공업의 중심지로 자리잡기 시작했다. 취리히 중앙역에서 취리히호수까지 1.3km에 이르는 반호프 거리Bahnhofstrasse를 걷다 보면 취리히시의 위상이 실감난다.

보행자 전용도로로 자동차는 다니지 못하고 전차만 운행하는 반호프 거리에는 양쪽으로 세계적 금융기관, 명품상점, 카페 등 초현대식 건물들이 즐비하다. 그 사이 사이로 거대 생활협동조합 미그로Migros와 코프Coop가 서로 경쟁하듯 성업 중이다. 규모나 사세는 일반가게가 아니라 백화점이나 대형마트 수준이다. 서울 명동에 이어 세계에서 9번째로 임대료가 비싼 번화가라 할 만하다.

유럽의 명품도시 취리히에는 현대는 물론 중세도 조화롭게 공존한다. 역사적 중세의 취리히가 현대 취리히의 무게중심까지 경건하게 다잡고 있다. 9세기에 수녀원으로 건축된 고딕양식의 프라우뮌스터Fraumuenster 성당성모성당은 푸른 첨탑을 보고 찾아가면 된다. 성당 안에 사진도 못

찍게 할 정도로 보물처럼 보존되고 있는 샤갈의 마지막 작품 스테인드글라스를 놓치면 후회한다.

지름 8.7m의 유럽 최대 시계탑이 있는 성 피터 성당St.Peter Kirche, 성바오로교회은 지척에 있다. 리마트강 동쪽 건너편에는 그로스뮌스터Grossmuenster 성당이 보인다. 츠빙클리 목사가 종교개혁을 역설한 곳이다. 로마네스크 양식의 쌍둥이 첨탑이 인상적이다.

굳이 명소를 찾아다닐 필요도 없다. 취리히 중심가에는 관광명소가 따로 없는 듯하다. 걷는 골목, 쉬는 광장, 깃드는 건물, 기웃거리는 상점들이 모두 저마다 유럽과 취리히의 역사와 사연을 간직한 명소로 다가온다. 한 겨울 장미꽃을 그득하게 띄워 놓은 어느 광장의 분수대를 보고 나는 취리히를 더 깊이 알고 싶어졌다.

아그네스의 집은 취리히 볼리스호펜Wollishofen 지역에 있다. 취리히시 남쪽 취리히호수에서 멀지 않은 중산층 아파트 단지로 보인다. 아프리카 등에서 건너온 난민들도 더러 섞여 산다고 했다. 그 아그네스의 집에서 나는 3박 4일 동안 소중한 난민연습을 했다.

아침에 일어나면 동네마다 촘촘히 자리잡고 있는 협동조합마트 미그로에서 오늘 하루 일용할 양식인 빵과 치즈를 사는 것으로 하루 일과를 시작했다. 아침을 먹고 나면 취리히 호숫가까지 마치 동네주민처럼 한 바퀴 산책을 돌았다.

취리히호는 태평양같이 넓고 태평스러운 자태다. 이른 아침이나 이른 저녁에 가보면 멀리 눈 덮인 알프스 산위로 번지는 노을이 신비스러웠다. 그 정도 되면 대자연이라고 할 만했다. 그렇게 기원전 8000년에 이룩된 빙하호수의 자연 질서와 섭리에 기꺼이 순응했다. 점심부터 오후 늦게까지는 반호프 거리 골목골목을 누비고 다녔다. 레닌과 아인슈타인도 만나 서로 이야기를 나누었다. 중세와 근대, 현

취리히시의 중심가 보행자전용도로 반호프 거리

대를 마음껏 공유하고 공감했다.

아인슈타인과 제임스 조이스가 살았던 난민의 도시 취리히. 로자 룩셈부르크와 레닌이 혁명을 준비하던 도시 취리히. 나는 취리히에서 세계시민 행세를 하고 돌아다녔다. 멀지 않은 훗날 '사람 사는 세상'에서 단 하루라도 살고 싶은 마지막 욕심을 단련하고 또 단련했다. 비록 난민의 처지일지라도 얼마든지, 좀 두렵지만 설레는 마음으로.

취리히는 협동조합으로 먹고산다
취리히 협동조합 매장에는 술, 담배, 성인잡지가 없다

"쿱에 빵 사러 가죠."

취리히에 사는 아그네스의 아침은 늘 '쿱'으로 시작한다. 아파트 단지 입구의 협동조합 슈퍼마켓에서 하루 일과를 시작한다. 아그네스의 집에 머무는 3일 동안 손님인 나의 아침도 마찬가지였다. 집 주인과 '쿱'에 가서 아침 장을 보는 것으로 새 날을 시작했다.

매장에는 주식인 빵과 치즈, 햄은 물론, 지역에서 생산되는 신선한 과일, 채소 등 유기농 로컬푸드들이 가득하다. 포장봉투에는 '지역으로부터, 지역을 위해'라는 협동조합의 지역정책이 새겨져 있다. 협동조합의 존립목적과 존재가치이다.

집 앞에 동네 협동조합이 있으니 굳이 멀리 대형마트에 갈 필요가 없다. 한꺼번에 많이 사서 냉장고에 채워둘 필요도 없다. 취리히 시

반호프 거리의 코프 협동조합 대형마트

민들이 가는 길목마다, 소비자가 사는 동네마다 어김없이 협동조합 슈퍼마켓이 둥지처럼, 이웃처럼 기다리고 있다.

'쿱'은 동네 아파트 단지 입구에 자리잡은 협동조합 슈퍼마켓을 흔히 부르는 말이다. 아그네스가 사는 볼리스호펜 동네에는 미그로와 코프가 어깨를 나란히 하고 있었다. 미그로든, 코프든 '쿱에 가자'는 말은 우리 식으로 하면 '장보러 가자'는 말 정도가 되겠다.

아침에 끼니를 장만하러 쿱으로 걸어갈 때마다 한국 국민들의 아침 출근 전 상황이 자꾸 겹쳐졌다. 날을 잡아 재벌기업이 주인인 대형할인마트 매장에서 원산지 불문, 원료 미상의 '원 플러스 원'을 다투어 골라 꾸역꾸역 냉장고에 채어놓은 한국인들의 대형 냉장고가 떠올랐다. 도시는 물론, 농촌 지역에서도 대형할인마트의 상권에서 좀처럼 벗어날 수 없는 한국 소비자들의 고충과 애로가 새삼 느껴졌다.

평소 생활환경이 위험하고 소득기반이 불안정한 한국에서 탈 없이 살아가는 일에 대해 걱정이 많은 편이다. 특히 '마을에서 제대로 사람 구실을 하며 먹고사는 방법'에 대한 걱정을 많이 한다. 결국 그런 걱정이 노동이나 업무가 되었다. 이제 거의 모든 연구의 주제나 발단은 반드시 어떤 일에 대한 걱정에서 반드시 시작된다. 요즘 주로 하는 걱정거리 가운데 하나가 바로 협동조합이다.

한국의 협동조합도 스위스처럼 잘할 수 있을까

한국에서 협동조합법이 시행된 지 2년반이 지났다. 무려 7500여 개에 달하는 협동조합이 만들어졌다. 하지만 협동조합의 양적 팽창을 바라보는 시선은 여전히 불안하다. 제대로 돌아가는 협동조합은 정확히 파악할 수 없다. 협동조합을 만드는 건 그리 어려운 일이 아닐 것이다. 잘 꾸려나가는 게 숙제다.

어쨌든 협동조합 같은 사회적경제가 우리 경제와 사회의 대안임은 분명해 보인다. 이미 동력과 수명을 다한 것으로 보이는 재벌중심 수출형 성장 방식은 한계에 이르렀다. 국가나 공공이 민생을 다 책임질 수도 없다.

결국 부자는 자꾸 더 부자가 되고 가난한 이는 더 가난해지는 상황이 지속되고 있다. 민생은 점점 더 고단해지고 있다. 급기야 심각한 양극화, 그로 인한 사회계층 간 대립 현상이 심화되고 있다. 기형적이고 폭력적인 한국형 경제구조는 이 사회를 위험사회로 자꾸 몰아간다. 어서 그런 구조악에서 벗어나야 한다. 행정이든 민간이든 협동조합 같은 사회적경제가 유력한 수단이자 도구로 작동하기를 기대하는 사람이 많다.

하지만 협동조합주의자를 비롯한 우리는 좀 더 냉정해질 필요가 있다. 사고나 행동이 좀 더 합리적일 필요가 있다. 다들 너무 조급하고 들떠 있다. 1844년 세계 최초의 협동조합 '로치데일공정선구자조합' 이래, 협동조합의 성공사례는 일부 국가, 일부 사례에 불과하다. 일부의 주장이 아니라 역사적 사실이다. 자본주의, 신자유주의의 폐해와 부작용을 대신할 대안이라는 선험적, 과학적 물증조차 아직 불확실하거나 미약하다.

나처럼 세상사의 순간마다, 사안마다 기대보다는 걱정을, 덕담보다는 비판을 먼저 하는 입장에서는 기대보다는 우려가 앞선다. 자칫 '협동조합'이 지난날 벤처기업, 사회적 기업의 불행한 전철을 밟는 건 아닌지. 다행히 참고할 만한 시행착오와 오류는 주변에 적지 않다.

무엇보다 협동조합을 해서 돈이나 벌 수 있을지 의문이 든다. 경제적으로 지속가능할 수 있을지 불안하다. 먹고나 살 수 있을지 자신이 없다. 협동조합을 잘하는 선진국에서 굳이 협동조합을 '협동하는 기업Cooperative Enterprise'으로 부르려는 이유가 마음에 와닿는다.

더구나 한국의 협동조합이 소규모 영세자영업 서비스가 주종을 이루다 보니 근본적으로 외형이나 수익성도 빈약하다. 본의 아니게 협동조합의 사회적 명분에 가려진 노동자의 저임금, 장시간 노동이 일상화하는 우울한 숙명에 몰릴 수도 있다. 협동조합주의자가, 민주주의자가 미필적 고의에 의한 악덕 기업주 처지로 전락할 수도 있다.

한국의 협동조합은 그 태생적 특수성과 수동성도 부인할 수 없다.

한국의 협동조합기본법 제정은 전적으로 자발적이고 주체적인 결정이 아니다. 2012년 '세계협동조합의 해'를 맞아 협동조합 관련 법제를 정비하라는 UN과 국제협동조합연맹ICA의 권고에 따른 것이다.

물론 생협 등 기존 협동조합 운동가들의 노력이 없지 않았으나 '자의 반 타의 반'의 선택이라는 게 보다 정확한 평가일 것이다. 그래서 그만큼 앞으로 풀어야 할 미제와 난제가 산적하다는 말이다. 취리히의 협동조합 마트에서 아침 장을 보면서, 협동조합을 연구하러 간 게 아닌데도 한 장면도 놓치고 싶지 않았던 이유다.

까르푸를 물리치고
백화점을 자회사로 거느린 협동조합, 미그로

취리히를 비롯한 스위스의 소매시장은 협동조합이 장악하고 있다. 미그로와 코프가 양분하고 있다. 한국으로 치면 아이쿱생협과 한살림생협이 삼성홈플러스나 이마트를 제압한 셈이다. 하지만 한국은 도시지역에서는 두 대형할인마트, 농촌 지역에서는 농협의 하나로마트가 소매시장을 독과점하고 있다.

소매유통시장 업계 1위는 미그로다. 스위스 인구 800만 명 중 250만 명이 미그로 조합원이다. 연간 매출액은 30조 원이 넘는다. 상시 고용인력만 8만 명이 넘어 스위스 최대의 일자리 창출기업이다. 세계에서 7번째로 큰 협동조합이다. 외형이나 규모로 보면 대기업이지만 우리의 대기업과는 속성이나 정체나 목적 자체가 다르다.

특히 스위스의 협동조합은 소매나 농업 분야에서 일반 상업적 기업보다 시장 경쟁력이 우월하다. 세계적 유통업체 까르푸가 속절없

미그로 협동조합 슈퍼마켓

이 밀려났을 정도다. 조합원들의 자발적 출자와 참여로 건설된 협동
조합의 특징과 장점이 제대로 발휘된 결과다. 조합원의 힘을 바탕으
로 안정적인 고용, 다양한 사회공헌 사업도 적극 펼칠 수 있다. 그게
또다시 협동조합의 시장경쟁력으로 되돌아오는 조합원과 협동조합
사이의 선순환 구조다.

　1925년 취리히에서 창업한 미그로는 원래 협동조합이 아니었다.
스위스 국민이 아인슈타인 다음으로 중요한 역사적 인물로 꼽는다
는 고트리브 두트바일러Gottlieb Duttweiler의 개인기업이었다. 시작은 미
미했다. 스위스의 험난한 알프스 산골마을을 찾아다니며 커피, 설

탕, 소금 등 식료품을 판매한 트럭행상에 불과했다. 이렇게 도매와 소매의 중간단계 역할을 한다고 미그로Migros라고 이름지었다. 프랑스어 Demi절반와 Gros도매를 합친 말이다.

미그로의 성공전략은 단순하다. 양심적이었다. 중간 유통마진을 줄였다. 싸고 좋은 상품을 사지 않는 소비자는 없다. 1941년 창업자는 개인 소유였던 미그로 주식 거의 전액을 협동조합 출자금으로 전환했다. 누가 시킨 게 아니다. 개인기업을 국민 모두에게 기부한 셈이다. 이후 미그로는 조합원의 소유가 됐다. 조합원이 선출한 소비자 대표가 이사회에서 공동으로 민주적인 의사결정을 한다.

미그로 매장에 없는 상품, 조합원의 건강을 해치는 3가지

미그로 매장에는 없는 것 빼놓고 다 있다. 그냥 한국에서 보는 일반 생협매장 정도를 생각하면 큰 오산이다. 동네 슈퍼마켓 같은 미그로는 동네에만 있을 뿐이다. 취리히 중앙역 앞 반호프 거리의 미그로 매장은 백화점이나 대형할인마트의 형태이고 대규모다. 페스탈로치의 동상이 있는 글로버스Globus 백화점도 미그로의 자회사일 정도다.

단 미그로 매장에는 3가지 상품이 없다. 술, 담배, 성인잡지는 팔지 않는다. 1920년대 노동자들이 술과 담배에 돈을 쓰는 모습을 본 창업자가 판매를 금지했다. 스위스 노동자들의 육체적, 정신적 건강을 지키겠다는 설립자의 기업가 정신이 아름답다.

미그로에 이어 스위스 소매유통업계 2위 코프도 5만 명이 넘는 직원에 연간 매출액이 30조 원에 이른다. 조합원은 200만 명에 달한

미그로의 지역화 정책 '지역으로부터, 지역을 위해'가 새겨진 봉투

반호프 거리의 대형 미그로 매장

다. 미그로와 함께 스위스 소매시장의 40% 이상을 점유한다고 한
다.

2008년 까르푸가 스위스에서 철수하고 매장 12곳은 코프가 인수
했다. 한국에서 까르푸를 인수한 경우와 달리 매장 노동자들의 고용
도 승계했다. 철수 원인도 한국과 스위스는 다르다. 까르푸의 실패는
한국에서는 현지화 때문이었다면 스위스에서는 미그로와 코프라는
두 소비자협동조합과 시장경쟁에서 당당히 승리한 결과다. 공공시장
도 아닌 일반 상업시장에서 협동조합이 대기업 주식회사를 실력으
로 이긴 것이다.

조합원이 주인인 협동조합 미그로와 코프의 경쟁력의 원천은 당
연히 조합원 고객에서 나온다. 고객의 신뢰와 충성도는 오래 거래를
주고받으며 쌓아온 사회적 자본을 바탕으로 한다. '상품의 질도 좋
고 값도 적절하다'고 믿는 고객들의 신뢰가 힘이 되었다.

거래가 지속될수록 고객의 충성도도 비례했다. 협동조합과 고객 사이에는 갑과 을의 거래관계가 아니라 '우리는 하나'라는 신뢰와, 규범이라는 굳은 사회적 자본력이 축적되었다. '돈 놓고 돈 먹는' 주식회사 경영기법으로는 도저히 협동조합의 협동과 연대의 정신을 따라올 수 없다.

지역사회의 지지 없이는 협동조합의 미래도 없다

세계적 협동조합 미그로는 글로벌시장에는 전혀 관심이 없다. 오로지 지역전략에 집중한다. 조합원들은 해외시장에 나가 돈을 더 벌어오라고 요구하지 않는다. 배당을 더 해달라고 주문하지 않는다. 오직 가까운 매장에서 좋은 품질의 물건을 더 값싸게 살 수 있기만 바란다. 글로벌 전략, 외형 성장 전략이 불필요한 이유다.

미그로의 협동조합 경영전략은 한마디로 '지역화 정책'으로 집약된다. '지역으로부터, 지역을 위해Aus der Region, Fuer die Region'. 이에 따라 지역협동조합을 중심으로 은행, 주유소, 여행 등 지역사회 조합원들의 일상생활에 더 밀착된 사업에 집중한다.

그래서 지역사회에 기여해야 한다는 원칙을 철저히 고수하고 실천하고 있다. 해마다 매출액의 1%약 1000억 원 이상를 지역의 교육과 문화사업에 투자한다. 이 돈으로 미그로 클럽 스쿨을 운영한다. 일종의 평생학습센터 역할이다. 연간 50만 명 정도가 수강료 지원 등 혜택을 받고 이용한다.

미그로의 조합 운영방식도 다분히 지역분권적이다. 전국 각 지역 본부마다 자체적으로 결정 권한을 갖는다. 다양한 위원회에 조합원

농민들을 중심으로 세워진 신용협동조합 라이파이젠 은행

들이 참여해 의사 결정을 한다. 창업자 두트바일러의 협동조합 전환
결단 후 현재까지 일반 조합원, 지역 조합, 연합회 3단계의 의사결정
구조가 변함없이 유지되고 있다.

한국의 미그로와 코프, 소비자생활협동조합

한국에도 미그로와 코프 같은 생활협동조합이 지속적으로 성장하
고 있다. 한국의 미그로와 코프라 부를 만한, '한살림'과 '아이쿱'이
각각 수십만 명의 조합원, 수천억 원의 연간 매출액으로 업계 성장
을 이끌고 있다. 유럽은 소비자협동조합, 일본은 생활협동조합으로

부르지만 한국은 '소비자생활협동조합'으로 부른다. 1998년 생협법이 제정될 때 소비자생활협동조합법이란 명칭을 법적으로 사용하게 되었다.

그중 아이쿱생협에서 운영하는 구례자연드림파크 사례는 주목할 만하다. 일반 분양이 안돼 유휴시설화했던 구례군의 용방농공단지 약 4만 5000평 부지에 국내 최초의 친환경유기식품클러스터를 조성했다. 지역사회에 밀착해, 지역사회공동체에 기여하려는 소비자생활협동조합의 올바른 방향성을 실천하고 있다.

여기에는 아이쿱생협 조합원을 위해 라면, 김치 등 식품을 생산하는 각종 제조 공방들, 그리고 조합원뿐 아니라 구례군민도 이용할 수 있는 레스토랑, 체험실, 영화관, 카페, 사우나, 게스트하우스 등 각종 편의시설을 운영하고 있다. 이른바 지역사회 복합문화단지라 할 만하다.

성과는 고무적이다. 지난해 결혼이주여성을 포함한 구례군민 등 300명이 넘는 지역 일자리를 창출했고, 수익금의 일부인 2억원을 기부해 구례보건소에 산부인과를 개설토록 지원했다. 지금은 구례군 지역청소년을 위해 청소년수련원을 준비하고 있다.

구례자연드림파크는 스위스의 미그로의 정책이 그러하듯, 한국에서도 협동조합이, 사회적 경제가 왜 지역사회에 기반을 두어야 하는지 여실히 보여주고 있다. 사회적 경제가 지속가능하게 발전하려면 왜 지역사회 공동체의 지지가 필수적인지 성공적으로 실증하고 있다. 나아가 최소한 국가와 정부가 하지 못하는 일도 협동조합은 할 수 있음을 증명하고 있다.

취리히는 혁명을 준비하는 난민학교다
레닌은 취리히에서 러시아혁명을 준비했다

볼리스호펜 동네 언덕을 남쪽으로 넘어서자 안개에 젖은 취리히 호수가 눈앞에 펼쳐졌다. 첫 느낌에는 서정시인가 싶다가 좀 더 응시하자 서사적인 자연풍광으로 다가왔다. 어서 호수가로 내려가 산책하고 싶은 마음 때문에 몸이 조급해졌다.

그러나 마음처럼 호수까지 내달릴 수 없는 국면에 처했다. 나와 호수 사이에는 자동차가 질주하는 도로가 가로막고 있었기 때문이다.

나는 두 가지 선택 사이에서 갈등했다. 선과 악이 정면으로 충돌했다. 좀 길을 돌아가더라도 안전한 지하통로나 횡단보도로 걸어갈 것인가, 아니면 좌우를 잘 살펴서 차도 없고 아무도 보지 않을 때 순발력 있게 뛰어서 무단횡단을 할 것인지.

그런데 고민은 그리 오래가지 않았다. 안전한 지하통로나 횡단보도는 너무 멀리 떨어져 있었다. 시간도, 선택의 여지도 별로 없었다. 무단횡단을 하는 수밖에. 그렇게 무단횡단을 하려고 좌우를 분주히 살피며 멀리서 달려오는 자동차를 경계하기 시작했다.

그런데 불안한 나의 눈빛과 마주친 듯한 자동차는 점점 속도를 줄이더니 내 앞에 멈춰 선다. 그리고 먼저 건너가라며 손짓을 한다. 횡단보도가 있는 곳도 아니고 신호등이 켜진 것도 아니다. 그런데 차가 멈춰 서다니.

한국에서는 겪어본 적이 없는 상황이다. 한국에서는 당연히 차가 우선이다. 차에 올라타 운전을 하는 순간 사람도 차갑고 딱딱한 자동차로 변한다. 도로횡단자의 급한 사정은 전혀 배려하지 않는다.

하지만 취리히에서는 차보다 늘 사람이 우선이다. 이번 한번뿐이 아니다. 이후에도 길을 건너려고 보도 끝으로 다가서면 어김없이 달리던 차들이 멈추고, 먼저 건너가라는 따뜻한 수신호나 눈빛을 보낸다.

취리히는 사람이 먼저인 안전한 도시

취리히에서는 이렇게 누군가에게 보호받고 있다는 느낌을 얻는다. 법과 제도가 사람을 보살피고 있다는 안도감을 얻는다. 국가와 정부가 국민과 시민을 항상 지켜주고 있다는 신뢰감이 생긴다.

결국 사람이 사람으로서 사람 대접을 받고 있다는 자존감을 획득한다. 무엇보다 시민과 시민들이 타인으로서 서로를 인정해주고 배려해주는 시민의식이 도처에 충만하다. 공동체의 질서는 허점과 빈틈이 보이지 않는다. 민생의 사소한 현장에서 그와 같은 사례를 수

사람이 먼저인 도시 취리히, 밝은 표정의 취리히 시민들

시로 체험하고 목격했다.

그렇게 반호프 거리를 걷는 취리히 시민들의 표정이 하나같이 왜 당당하고 자신감이 넘치는지 그 이유를 알아챘다. 서로 신뢰사회, 한 약속을 잘 지키는 규범사회, 서로 상호호혜적으로 협동하고 연대하는 네트워크사회. 그렇게 신뢰, 규범, 네트워크 같은 사회적 자본이 충분히 축적된 선진 국가와 사회에서 안전하고 안정되게 살아가기 때문일 것이다.

레닌, 아인슈타인, 로자 룩셈부르크, 제임스 조이스 등 전 세계의 내로라하는 선각자, 혁명가들이 왜 취리히라는 도시의 난민이기를 자초했는지 이해된다. '사람 사는 세상, 사람이 먼저인 사회' 같은 새 세상을 열기 위해 왜 그토록 혁명을 학습하고 준비했는지 깊이 공감했다. 왜 아름답고 정의로운 사람들은 혁명을 꿈꾸는지, 혁명을 노래하는지, 혁명의 가시밭길을 즐기는지 새삼 깨달았다.

레닌이 러시아혁명을 준비한 도시, 취리히

취리히는 세계에서 가장 살기 좋은 도시다. 언제, 어떻게, 어디서 조사하더라도 늘 최상위권에서 벗어나지 않는다. 조사자들은 정치적 안정성, 범죄율, 경제 여건, 의료 수준, 대기 오염 정도, 교육환경, 교통 시스템, 주택 수준 등을 두루 살펴본다. 어떤 지표를 들이대도 취리히에서 살아가는 시민들과 이주민들의 삶의 질은 높게 나타난다. 취리히에서 3박 4일을 살아보니 그 조사결과에 믿음이 갔다.

그리고 내게 취리히는 또 다른 중요한 지표이자 척도의 도시로 다가온다. '세계에서 혁명을 준비하기 가장 좋은 도시'. 1917년 4월 취리히에 망명해 난민으로 머물던 레닌은 러시아 페트로그라드 핀란드 역으로 향했다. 노동자와 군인들에 의해 촉발된 사회주의 프롤레타리아 혁명을 완수하기 위해서.

국제사회주의자 로자 룩셈부르크도 취리히대학을 다녔다. 그 혁명의 산실에서 혁명을 공부하고 염원하고 구체적으로 계획했을 것이다. 물리학자이면서 사회주의자 아인슈타인도 취리히연방공대 출신이다. 1916년 취리히의 볼테르 카바레에서는 젊은 예술가와 반전주의자들이 다다이즘Dadaism이라는 반문명, 반전통적 예술운동을 선언했다.

이만하면 취리히는 단연 '혁명을 배우고 준비하기에, 세계에서 첫 번째로 좋은 도시'라고 해도 큰 무리는 없을 듯하다. 아그네스가 이끄는 대로 반호프 거리를 지나 지난날 이런저런 세계 각국의 혁명가들이 난민으로 은신했을 법한 후미진 골목으로 접어들면서 그런 질감이 더 강해졌다. 마침내 레닌이 살던 집앞에 서서 레닌이 1년 남짓 머물렀다는 동판을 확인하자 그런 생각은 확신으로 발전했다. '혁명 발전소' 취리히.

블라디미르 일리치 레닌. 마르크스 이후 가장 위대한 혁명사상가이자 역사상 가장 뛰어난 혁명지도자. 취리히의 어느 골목에서, 1916년 2월부터 1917년 4월까지 세들어 살던 집앞에서 나는 레닌을 만났다. 지난날 가슴에 비수처럼 품었으나 발설하지 못했던 혁명의 꿈을 잠시 꺼내 애타게 만지작거렸다. 그러자 레닌의 그날이 눈앞에 아른거렸다.

1917년 2월 전쟁과 민생고와 추위에 지친 수도 페트로그라드의 노동자와 군인들이 니콜라이 2세 황제를 몰아냈다. 그때 레닌은 취리히의 망명 난민 신세였다. 레닌은 지체없이 페트로그라드로 향했

레닌이 러시아 혁명을 준비하며 세들어 살던
집(위)과 건물 1층 기념품 가게에 전시된 레닌
의 흉상(오른쪽)

다. 독일 정부가 제공한 봉인열차를 타고 1917년 4월 페트로그라드
에 입성했다.

　하지만 그해 7월 레닌이 이끄는 소수파인 볼셰비키의 무력시위는
좌절된다. 레닌은 다시 핀란드로 도피한다. 이 무렵 쓴 '국가와 혁명'
에는 프롤레타리아 독재국가인 소비에트 공화국, 계급과 국가가 소
멸된 공산주의 사회 등 레닌이 취리히에서부터 품고 가다듬었던 혁

명관이 그대로 드러난다.

1917년 11월 다시 러시아로 잠입한 레닌은 임시정부 타도에 성공한 뒤 모든 국가권력이 소비에트로 넘어왔음을 선포한다. 레닌은 새로운 정부인 인민위원 소비에트 의장으로 선출된다. 1919년 3월 레닌은 국제적 프롤레타리아 혁명을 추진하기 위해 제3인터내셔널을 창설한다. 이로써 반제국주의 민족해방투쟁의 이론적 기초를 확립한다.

"소박하고 서민적이었지만 날카로운 눈빛과 넓은 이마에는 힘이 넘쳐흘렀고, 그 작은 몸속에는 결코 꺼지지 않는 열정이 타오르고 있었다"라고 역사는 레닌을 기록한다. 레닌이 살던 건물 1층 기념품가게의 레닌 흉상의 표정을 보니 크게 틀리지 않는 인물평으로 보인다. 마르크스가 주창한 사회주의 혁명을 레닌주의로 마침내 승화시켜 완성했다는 후한 평가도 받고 있다. 물론 역사적, 정치적 평가는 각자의 몫이다.

사회주의자 아인슈타인의 모교, 취리히대학교

레닌의 혁명사와 개인적인 혁명의 꿈을 뒤에 남겨두고 리마트Limmat 강을 건넜다. 취리히 동북부 구도심 니더도르프Neiderdorf 거리로 향했다. 또 다른 혁명가들을 만나기 위해서다. 아인슈타인, 로자 룩셈부르크가 공부한 취리히대학교Universitat Zurich가 그 거리 초입에 있다.

취리히대학은 1833년 개교, 아인슈타인을 비롯해 21명의 노벨상 수상자를 배출한 스위스 최대, 최고의 명문대학이다. 리마트강 북동쪽 언덕 위를 온통 차지하고 있는 도시 속의 작은 도시다. 특히 취리

아인슈타인 등 21명의 노벨상을 배출한 취리히 연방공대

히대학에 갈 때는 산악열차 폴리반을 타고 가는 재미가 있다. 하지만 마침 가는 날이 장날이라 열차는 운행하지 않았다. 그렇다고 걸어가지 못할 거리도 아니었다. 취리히대학에 올라 아래를 내려다보면 취리히 시 전경이 한눈에 들어온다.

그중 'ETH 취리히'라고 불리는 연방공과대학의 명성이 드높다. 1855년 스위스 정부에서 설립한 공업기술전문학교^{Eidgenossische} ^{Polytechnische Schule}가 전신이다. 높은 이름값은 알버트 아인슈타인^{Albert} ^{Einstein} 덕분이다. 그는 이 대학 수학과를 졸업하고 교수 일을 이 대학에서 시작했다.

취리히대학이 배출한 21명의 노벨상 수상자를 대표할 만한 아인슈타인은 스위스가 조국이 아니다. 1870년 독일 뮌헨에서 태어난 유대인이다. 수학 말고는 학업성적이 신통치 않은 평범한 학생으로 취리히에서 난민 같은 학창시절을 보냈다. 그러다 대학 졸업장도 없는 상태에서 상대성 이론 등 혁명적인 과학저작 논문을 계속 발표하다 결국 노벨상의 주인공이 된다. 그리고 인생이 달라졌다. 이후 취리히대학에서 박사학위도 받고 교수 자리도 얻는다.

아인슈타인의 일생은 한마디로 정처 없는 난민의 역사로 점철된다. 1933년 반유대주의자 히틀러가 정권을 잡자 고국 독일을 떠나 미국으로 망명한다. 자발적으로 난민 신세가 된다. 본국으로 돌아갈 경우 박해받을 위험성이 있으므로 난민요건이 얼마든지 성립한 것이다. 독일정부는 그를 국가모반죄로 단죄하고 그의 저작물을 불태운다.

미국시민권을 획득하고 프린스턴대학의 교수직을 얻은 아인슈타인은 독일 내 유대난민들을 구하기 위해 헌신적으로 봉사한다. 독일 내 난민들이 히틀러의 박해에서 벗어나도록 비자발급 신원보증을 서는 일을 도맡았다.

아인슈타인은 사회주의자였다. 스스로 사회주의자라고 말한 적은 없으나 생각과 행동이 사회주의자의 그것과 크게 다르지 않았다. "자본주의 사회의 경제적 무정부 상태가 악의 진정한 근원"이라며, "사회적 목표를 추구하는 교육체계를 동반한 이른바 사회주의 경제를 확립하는 것이 대안"이라고 주장할 정도였다.

레닌을 사회정의의 구현을 위해 온 정열을 바치고 자신을 희생한 사람으로서 존경한다고 공공연히 평가한 적도 있다. 그래서 세계적인 물리학자 아인슈타인은 1950년대 미국의 매카시즘극우반공주의 광풍 시절에 미국 CIA의 표적이 되었다. 세계적인 물리학자였지만 한편으로 '사람이 살아가기에 보다 나은 세상을 꿈꾸었던' 세계적 사회 혁명가로 부르기에 모자람이 없다.

문화혁명을 준비하는 지역사회 학교, 로테 파브릭

취리히 호숫가를 산책하다 예상치 않게 '붉은 벽돌집'을 발견했다. 일단 모양부터 눈에 띄었다. 문을 닫은 공장 건물을 재생해 '로테 파브릭Rote Fabrik'이라는 일종의 지역사회 문화예술 커뮤니티센터로 재활용한 사례다. 주로 취리히 지역의 청년들로 하여금 다양한 문화예술 장르의 창작활동을 할 수 있도록 매개하고 촉진하는 플랫폼의 역할을 한다.

음악, 연극, 특별 프로그램, 영상, 미디어와 관련한 문화예술 프로그램을 운영하고 있다. 매년 100회 이상 공연, 콘서트가 벌어진다. 심지어 정치적 현안들을 현대 문화의 맥락과 연결해 사회비평적 시각으로 치열하게 논의하는 토론과 비평의 장이 펼쳐지기도 한다. 풀뿌리 민주주의가 생생하게 구현되는 살아있는 현장인 셈이다.

아그네스의 아들 '비호'도 로테 파브릭에서 록밴드 활동을 하고 있다. 치과의사지만 의사 일을 하지 않는다. 아그네스는 어려운 의대 공부를 마치고 치과의사가 되었으나 치과의사 노릇을 하지 않는 아들이 걱정스럽다. 하지만 비호는 걱정하지 않는다. 주변에 비호같이 먹고사는 일에만 매달리고 싶지 않은 청년들이 적지 않고 치과의사 노릇을 하지 않더라도 최소한 먹고사는 문제는 어떻게든 해결되는

폐쇄 공장을 재생한 문화예술 창작 지역사회 플랫폼 '빨간 벽돌'

사회안전망의 보호를 받고 있기 때문이다.

이렇게 로테 파브릭은 비호처럼 자유로운 영혼을 소유한 지역청년들의 문화공간이자 놀이터이자 쉼터로서 기능하고 있다. 스위스에서 10% 정도의 정당지지율을 가지는 녹색당 당원들이 특히 많이 모이고, 남녀노소 모두에게 상시 개방된다. 아이들과 동반해 가족단위로 참여하는 이들도 많아 탁아놀이방이 따로 있을 정도다.

최근 친일파를 단죄하는 줄거리의 한국영화를 보는 내내 스크린에 혁명가의 도시 취리히, 취리히의 혁명가들이 겹쳐졌다. 그리고 이런 생각이 새삼 다시 들었다. 우리나라는 사실은 그동안 단 한번도 해방, 독립된 적이 없는 것 아닐까. 70년 전의 그 광복이란 게 사실은 외세의 치밀하고 정교한 기획에 의한 위장된 광복은 아닌가. 그렇다면 내가 살아있는 동안 조국은 단 한 순간도 온전한 주권국가인 적이 없었던 것은 아닌가. 그게 어쩌면 역사적 사실이자 진실이 아닌가.

그러자, 혁명가의 학교, 망명난민의 도시 취리히가 몹시 그리워졌다. '사람이 먼저'인 도시에서 30년 넘게 세계시민으로 살아가고 있는 아그네스의 안부가 궁금해졌다. 치과의사로서 돈 벌 궁리를 굳이 하지 않고 로테 파브릭에서 록음악을 연주하며 사는 비호의 일상을 더 엿보고 싶어졌다. 자연과학으로든, 문화예술로든, 이 세상을 사람이 더 살기 좋은 곳으로, 사람에게 이로운 곳으로 만들려고 애쓰는 취리히 연방공대와 로테 파브릭의 자유로운 청년혁명가들이 몹시 부러워졌다. 취리히로 망명하고 싶어졌다.

루체른의 대자연이 스위스 용병을 키웠다
한국 용병 '빈사의 사자'들이 지킨 과실은 누가 먹었는가

프랑스 파리 리옹역에서 테제베^{TGV} 열차를 타고 스위스로 넘어오면서 취리히 말고 또 가보고 싶은 곳이 있었다. 실스마리아^{Sils-Maria}. 영화 '클라우즈 오브 실스마리아'의 무대다. 여배우로서 세계 최초로 유럽 3대 영화제와 아카데미상까지 수상한 줄리엣 비노쉬 주연의.

무엇보다 이 영화는 마치 '줄리엣 비노쉬'가 '여배우 줄리엣 비노쉬'를 연기하는 것만 같다는 극찬을 받은 수작이다. 알프스 말로야 계곡을 살아있는 뱀처럼 휘감으며 꿈틀거리는 신비스러운 구름의 기상학적 자연현상, '말로야 스네이크^{Malouja Snake}' 장면도 인상적이다.

체코 프라하의 거리에서, 파리의 퐁네프 다리에서 줄리엣 비노쉬가 저절로 떠올랐듯이 스위스에 오면서 다시 그녀가 저절로 떠올랐다. 더욱이 '클라우즈 오브 실스 마리아' 영화를 전주의 한 예술영화

관에서 본 게 최근의 일이라 그 잔상은 생시와 같이 생생한 터.

하지만 실스마리아도, 줄리엣 비노쉬와 재회도 다음을 기약할 수밖에 없었다. 몸도 하나고, 스위스에서 허락된 날짜도 하루밖에 남지 않았다는 냉혹한 현실을 아그네스가 깨닫게 해주었다. 그리고 마지막 날 우리의 행선지는 아그네스가 이미 오래 전에 설계, 예약해 둔 상태였다.

"여기 스위스 교통패스예요. 하루종일 기차, 산악열차, 유람선, 트램 등 모두 이 패스 하나로 다 이용할 수 있어요. 일찍 예매하면 할인받아 싸게 살 수 있어서 아는 이에게 특별히 부탁해 미리 사 두었죠. 취리히 중앙역Zurich HB에서 기차를 타고 아트 골다우Arth Goldau 역에서 내리세요. 거기서 바로 알프스 리기 클룸Rigi Klum으로 오르는 산악열차를 타야 하니까요."

패스는 50스위스 프랑CHF, 우리 돈으로 5만 원 정도다. 아그네스의 철저한 사전 준비와 겨울 알프스에 오른다는 생각에 낯선 겨울 알프스 산행의 불안감은 이내 사라졌다. 아그네스의 길 안내 설명을 듣는 내내 소풍 가는 어린이의 들뜬 기분이 되었다.

크리스마스 카드 같은, 겨울 알프스

"리기 클룸 정상에서 날이 좋고 시간이 많으면 피츠나우Viznau 선착장까지 트레킹하듯 걸어 내려오면 참 좋은데, 겨울에는 눈이 많이 쌓여서 아마 어려울 거예요. 그러니까 내린 곳에서 다시 산악열차를 타세요. 빨간 색 열차를 타야 해요. 파란색은 다시 아트 골다우로 내려오는 방향이니까."

아트 골다우에서 산악열차를 타고 눈 덮인 알프스 리기 클룸 정상에서

아그네스의 얼굴에 먼 길을 홀로 떠나는 어린 아들을 염려하는 부모와 같은 표정이 잠시 스쳐 지나갔다.

"피츠나우 선착장에서 루체른 가는 유람선을 타세요. 루체른호수를 건너 루체른시 선착장에 내리면 돼요. 가는 길에 마땅히 요기를 할 만한 식당이 없을지 모르니 컵라면도 챙겨 가시고요. 루체른에 가면 유럽에서 가장 오래된 나무다리 카펠교, 빈사의 사자상을 보고 오세요. 루체른에는 한국에서 〈꽃보다 할배〉를 촬영한 다음부터 한국, 중국 관광객이 부쩍 많아졌어요. 돌아올 때는 루체른역에서 다시 기차를 타고 취리히 중앙역에 내리면 되고요. 반호프 거리에서 볼리스호펜 가는 트램을 타고 집으로 돌아오면 됩니다."

아그네스가 직접 차로 운전해 취리히 중앙역에 내려주었다. 그러자 이제 우리는 취리히에서 철저히 이방인이 되었다. 역 대합실 안내 전광판에서 아트 골다우로 가는 열차를 어디서 타야 하는지 살폈으나 잘 보이지 않았다. 어느 기차가 어디로 가는 것인지 외국어와 외국지명은 잘 독해되지 않았다.

기차에는 최종 종착지만 표시되어서 취리히 주변의 동서남북을 잘 분간할 수 없는 동양의 여행자 처지로서 난감했다. 아그네스에게 전화를 걸어 물어볼까 하다가 참았다. 불안해 할까봐. 결국 역무원에게 사무적으로 안내를 받고 아트 골다우행 기차에 겨우 올라탈 수 있었다.

아트 골다우역에서 내리자 리기 클룸으로 오르는 산악열차가 보였다. 골다우와 알프스 자락은 이미 눈으로 뒤덮였다. 그러니까 톱니바퀴 산악열차는 설국열차 모양이 되었다. 해발 1800m의 리기 클룸 정상까지 오르는 동안 하얀 색깔 말고는 눈에 들어오는 다른 색이 없었다. 알프스의 대자연 속에 파묻힌 것이다.

눈과 구름으로 사방이 하얀 커튼이 내려진듯 조망시계는 제로에 가까웠다. 하늘과 땅의 경계를 구분하기 어려운 지경이었다. 리기 클룸을 홍보하는 관광지 홍보물을 보니 봄과 여름에는 온갖 꽃과 풀이 산록을 뒤덮고 있던데. 아쉬었다. 하지만 알프스는 눈에 덮여있을 때 가장 알프스다울 것이다. 눈에 덮인 알프스라야 비로소 알프스일 것이다.

리기 클룸은 '산들의 여왕'이라 불린다. 1871년 유럽 최초로 산악철도가 운행된 곳이다. 바로 그 기차를 타고 오른 것이다. 알프스 산맥에서 그리 높은 곳은 아니지만 티틀리스, 필라투스 등 알프스의 봉우리들은 물론 멀리 취리히까지 조망할 수 있다. 그래서 관광객들이 많이 찾는 알프스의 명소로 꼽히고 있다.

리기 클룸 정상 역시 온통 눈밭이었다. 사방에 보이는 건 눈, 침엽수, 인적 없는 산장 몇 채 말고 없었다. 보이는 그대로 사진을 찍으니 그 자체로 크리스마스 카드가 되었다. 한치 앞도 보이지 않으니 한치 앞으로 발을 내딛기가 두려울 정도였다. 컵라면을 먹거나 한가롭게 걸어내려올 엄두는 전혀 낼 수 없었다.

피츠나우 쪽에서 올라온 듯한 스위스 청소년들은 단체로 잔뜩 몰려와 산악열차 대신 썰매를 타고 경사진 비탈을 따라 산을 내려가고 있었다. 눈썰매도 없고 담력도 없는 우리는 아그네스가 주의를 준 대로 빨간색 산악열차에 안전하게 올라타 피츠나우로 하산했다.

루체른 호숫가의 아름답고 조용한 휴양촌 피츠나우. 거리는 인적이 드물어 더 고요하고 평화로웠다. 선착장에서 유람선을 기다리는 동안 리기 클룸 설산을 하염없이 올려다봤다. 다시 올 기약을 할 수 없는 미련과 아쉬움을 가득 담아. 눈발은 그치지 않았고 구름은 더 짙게 깔렸다.

루체른호를 건너가는 유람선에서 바라본 루체른시

'스위스 속의 아름답고 작은 스위스' 루체른

아그네스가 챙겨준 컵라면은 결국 루체른행 유람선에 올라타고서야 꺼내 먹을 수 있었다. 평소 공중도덕을 잘 지키는 민주시민으로서 공공장소라 눈치가 보였지만 일단 배가 고팠다. 마침 객실 안에는 우리 말고 다른 관광객들이 보이지 않아서 객실 구석에 자리를 잡고 조심스레, 그리고 허겁지겁 컵라면을 해치웠다.

수억년 전 빙하가 만든 시리고 맑은 루체른호수를 가로지르는 유람선 안에서 먹는 라면 맛이 나쁠 리가 없다. 그러고 보니 인스턴트 음식이기는 하지만 한국을 떠난 지 거의 보름만에 일종의 한국 음식을 먹은 셈이 되었다. 루체른호수의 다른 이름은 피어발트슈테터 Vierwaldsttteress다. '4개 숲속 나라의 호수'라는 뜻이다. 그만큼 많은 도시와 마을들의 역사와 생활이 루체른호수로 서로 엮이고 이어진다.

유람선에서 쳐다보니 말로 듣던 대로 루체른시는 한눈에 들어올 정도로 아담했다. 스위스 국토 중앙에 자리잡아 '스위스 속의 작은 스위스'라 불린다. 자연이 아름다운 스위스에서도 특히 자연이 아름다운 곳으로 꼽힌다. 빙하호수, 박물관과 미술관, 중세의 고건축 등 알프스로 오르는 길목에 자리잡은 주요한 관광명소다.

루체른시 선착장에 내리니 발길은 루체른의 상징처럼 알려진 카펠교 쪽으로 향하고 있었다. 루체른 선착장에 내리면 바로 루체른 역이 있고 역에서 카펠교는 그리 멀지 않다. 카펠교는 유럽에서 가장 오래된 나무로 만든 다리다. 1333년에 만들었다고 하니 700살이 다 돼 간다. 다리가 놓인 로이스강에는 백조를 비롯해 이름을 알 수 없는 물새들이 무리를 이루고 있다. 인간이 새를 해치지 않는다는 사실을 알고 있는 모습이다.

길이 200m에 달하는 카펠교는 지붕으로 덮여 있다. 지붕 안쪽에는 17세기에 그린 110장의 판화를 감상할 수 있다. 20여 년 전 화재로 다리의 상당부분이 불에 탔으나 완벽히 복원했다. 다리보다 더 오래된 팔각형의 석조 저수탑Wasserturm 때문에 풍광이 더 볼 만하다. 파수대와 보물금고 등으로 쓰였다고 한다.

중세에 루체른을 온통 둘러싸고 있었다는 무제크 성벽의 잔해, 바그너박물관, 피카소미술관도 가보고 싶었으나 시간이 너무 부족했다. 그리고 겨울의 알프스 자락의 도시는 이방인이 거리를 무작정 헤매기에 다소 추웠다. 따뜻한 커피 한잔을 구하러 로이스 강변을 헤맸으나 휴일이라 문을 연 카페는 보이지 않았다. 어쩔 수 없이 유일하게 문을 연 다국적자본 카페 스타벅스에 들어가 잠시 몸을 녹였다. 한국에서는 결코 가지 않던 곳인데.

유럽에서 가장 오래된 나무다리 카펠교 앞에서

몸이 좀 녹자 입력한 프로그램에 맞춰 발길을 재촉했다. 이름부터 의미심장하고 처절한 '반사의 사자상Lowendenkmal'부터 찾아나섰다. 앞으로 루체른에 오면 누구나 한번은 가봐야 한다는 루체른의 랜드마크. 그곳을 찾는 건 그리 어렵지 않았다. 방위만 정하고 어림짐작으로 중국인 단체관광객 무리를 따라가니 그곳 절벽에 빈사 상태로 갇힌, 또는 매달려 있는 사자상이 나타났다.

한국에도 '빈사의 사자'가 많았는데, 대체 이 나라가 왜

빈사의 사자상, 또는 라이언기념비. 눈물을 흘리며 고통스럽게 죽어가는 표정의 사자의 등에는 창이 꽂혀 있다. 1792년 8월 프랑스 루이 16세 왕과 마리 앙투아네트 왕비가 몸을 숨긴 튈르리 궁전을 사수하다 전멸한 스위스 용병인 라이슬로이퍼Reislaufe 장병들을 추모 하려는 목적이다. 사자상 아래에는 786명 용병 이름이 모두 새겨져 있다.

이름에서 짐작할 수 있듯이 슬프고 아픈 역사가 담겨 있다. 국토의 70%가 산악지대인 스위스는 당시 유럽 최빈국 중 하나였다. 무역도, 산업도 발달하지 않아 나라 안에서 먹고살 방법이 막막했다. 그래서 합스부르그 왕가와 투쟁에서 단련된 용맹스런 청년들은 용병으로 해외에 나가 돈을 벌어 가족들의 생계를 해결했다. 스위스의 국가산업이나 마찬가지였다. 그 산업의 자산과 경쟁력은 용병들의 신의, 용맹, 충성심이었다.

1792년 프랑스 혁명 당시에도 프랑스의 루이 16세를 용병들이 지키고 있었다. 왕의 근위대를 비롯해 다른 나라 출신 용병들은 모두 도망갔으나 스위스 786명의 용병들은 도망가지 않았다. 모두 장렬한 최후를 맞이했다. 몰살 당한 것이다. 유일한 생계수단인 용병 일자리를 자식세대에 물려주려니 죽어도 도망갈 수 없었다는 게 이유다.

미국의 소설가 마크 트웨인은 이 사자상을 가리켜 '세상에서 가장 슬프고도 감동적인 바위'라고 했다. 이후 스위스 용병들의 의리와 충성심은 전 세계의 찬사와 인정을 받았다. 지금도 교황청을 지키고 있는 근위병은 모두 스위스 용병들이다. 라이슬로이퍼는 '전쟁에 나서는 자'라는 뜻이다.

이런 안타깝고 참혹한 선조들의 역사를 후세에 기리기 위해 1820년에 '빈사의 사자상'을 바위절벽에 새겨 넣었다. 이 사자상의 사연을 아는 스위스의 후손들은 정신을 차리지 않을 수 없었을 것이다.

스위스 용병의 용맹과 신의를 기리는 '빈사의 사자상'

도저히 열심히 공부하고 일하지 않을 수 없었을 것이다. 그래서 지금 세계에서 가장 잘 사는 나라, 세계에서 가장 살기 좋은 나라가 되었을 것이다.

다른 나라와 민족의 용병 말고는 먹고 살길이 없던 나라에서 태어난 선조들의 슬프고 아픈 역사로 치면 한국도 스위스 못지않다. 굳이 멀리 갈 것도 없이 가까운 현대사만 보더라도 베트남 파병, 파독 광부와 간호사, 중동 건설노동자 인력 송출 등에 이르기까지 무수하다.

찢어지게 가난한 대한민국이란 나라에 태어난 우리 부모 세대들은 자식 세대에게 가난과 생활고를 물려주지 않으려 이를 악물었다. 스위스 용병처럼 죽음도 불사할 각오로 무식하고 무모할 정도로 '빈사의 사자'처럼 일하고 또 일했다. 그래서 오늘날 이 정도로 국가의 경제는, 외형은 성장했다. 최소한 절대 빈곤 상태, 변방의 후진국 처지

에서는 벗어났다.

그런데 우리나라에는 아직 행복하지 않은 국민이 너무 많다. 하루하루 먹고사는 걸 감당할 수 없는 경제적, 사회적, 정치적 약자들이 도처에 널려 있다. 청년들은 일자리를 구하지 못해 앵벌이처럼 알바를 전전하고 노인들은 매일 휴지를 주우러 길거리에 나서지 않으면 목숨을 부지할 수 없다. 이웃이 굶어죽어도 챙겨줄 여유도 없는 노예 같은 삶이 일상이다. 국가와 정부가 국민들의 안전을 지키기는커녕 오히려 국민의 생활과 미래를 위협하고 마침내 극한의 민생고와 우울증으로 내몰기도 하다.

그렇다면 뭔가 이상하다. 잘못되어도 한참 잘못되었다. 지난날 '빈사의 사자'보다 더 용감하고 책임감있던 선조들이, 부모들이, 선배들이 피땀으로 일군 대한민국 경제 성장의 성공신화는 사실이 아니었는가. 모두 허구이고 허상이었는가. 무능하고 불순한 정부의 새빨간 거짓말이었는가.

그게 아니라면 그 많은 성장과 성공의 과실은 지금 다 어디로 갔는가. 한국의 '빈사의 사자'들이, 스위스 용병, 라이슬로이퍼처럼 남을 위해, 후손을 위해 '전쟁에 나서는 자'들이 많았는데 이게 어찌된 영문인가. 그들의 헌신과 죽음으로 지켜낸 대한민국 국가공동체는 지금 어디에 있는가. 그 공동체 구성원 모두가 공평하고 사이좋게 공유해야 할 그 많은 과실은 대체 누가 혼자 다 먹었는가.

독일

뮌헨은 전혜린이다, 전혜린의 에스프리다
뮌헨의 술집에서 한반도 분단의 비극이 시작됐다

"나보다 어떻게 우리 고모와 우리 집안의 가계를 더 잘 알고 있어요?"

지난날 대학 시절 철학을 공부하던 후배가 지질학을 공부하던 나에게 내비친 의구심이다. 어느 날 그 후배의 정체와 집안 내력을 알고 나서 나는 참지 못하고 욕심을 드러냈다. 고모를 오래 흠모해온 열렬한 팬의 입장이라며 은근히 후배를 겁박했다.

"혹시 집에 고모가 보시던 헌책이나 한 권 가져다주지 않을래?"

후배는 전혀 겁을 먹지는 않았으나 간절한 소원을 들어주었다. 그런 선배가 측은해 보였던지 책 대신 고모의 성균관대 교수 시절 명함을 한 장 가져다주었다. 아마 나는 그때 마치 어린아이처럼 기뻐서 펄쩍 뛰었을 것이다. 이후 내내 부적처럼 지갑에 고이 간직하며 품고 다니던 그 명함은 지금 어디론가 사라졌다.

그 후배는 바로 수필가 전혜린의 조카다. 전혜린의 오빠 아들이다. 프랑스에서 영화공부를 하고 지금은 어느 지방 국제영화제 프로그래머로 일하고 있다는 소문을 들은 적이 있다.

'뮌헨'하면 일단 두세 사람이 떠오른다. 단연 전혜린이 가장 먼저다. 그리고 대학원 지도교수와 울리히 벡. 셋의 공통점은 뮌헨대학 동문이라는 것. 그러니까 뮌헨에서 생각하는 사람을 묻는다면 열에 일고여덟번은 전혜린이라고 대답할 것이다. 내게 뮌헨이라는 도시는 사실상 전혜린을 향한 추념의 무대다.

뮌헨은 유고집 〈그리고 아무 말도 하지 않았다〉와 〈이 모든 것을 또다시〉에 새겨넣은 전혜린의 표표한 에세이의 산실이다. 전혜린과 전혜린의 글이 나의 청년기에 살포하고 전염시킨 독특하고 격조 높은 에스쁘리Esprit의 육묘장 같은 공간이 곧 뮌헨인 셈이다.

2014년 봄, 뮌헨에 잠시 머물렀을 때 머릿속에서 한시도 그녀는 떠나지 않았을 것이다. 그만큼 전혜린은 나에게, 내 삶에 특별한 존재다. 무엇보다 전혜린은 나에게 매우 특별한 한국인이다. 이전에도, 이후에도 그런 깊은 글을 쓰고, 그런 높은 생각을 하는 한국인은 본 적이 없다.

전혜린 없는 뮌헨에서 슈바빙의 자장을 느끼다

그녀는 의외로 콤플렉스 덩어리처럼 보인다. 어느새 자기의 의식 밑의 심층에 뿌리박히는 선민의식, 또는 엘리트 의식이 콤플렉스가 되어버렸다. 그녀도 스스로도 그 사실을 잘 깨닫고 있었던 것으로 생각된다. 당시의 한국인을, 특히 한국 여성을 대표해서 이국 독일에서 그녀 혼자 감당해야했던 주홍글씨처럼.

관찰자의 입장에서 보면 그녀의 태생과 국적의 한계 때문에 어쩔 수 없었을 것이다. 갈수록 고립주의, 독선주의의 진심이 글과 삶 속에서 도드라지게 표출되었다. 읽을수록 더욱더 그녀의 글은 힘들게 읽혀진다. 그리고 어김없이 비수처럼 심장에 와서 박힌다. 괜히 미안해진다.

사실 겉으로 보면 거의 맹목적으로 보이는 유럽중심주의와 개인주의적 성향 때문에 비평가들의 비판도 적지 않다. 그러나 나는 가급적 이해하려 한다. 아니 거의 이해된다. 그녀의 문학정신이 1960년대 당시 동아시아의 변방 한국이라는 나라의 근대적 속물성으로부터 스스로 방어하기 위한 불가피하고 절박한 선택이었음을.

그래서 그녀는 1960년대 한국사회의 속물성과 끝내 불화할 수밖에 없었다. 한국인으로서의 생활현실과 충돌할 수밖에 없었다. 1960년대에 태어나 21세기까지 내내 한국에서만 살고있는 나도 한국사회의 속물성이 이토록 힘겹다. 하물며 아득한 미개의 1950년대와 1960년대의 속물 사회에 인식과 행동이 갇혀 산 그녀의 심정이야.

게다가 가정사도 그리 당당하지 않다. 전혜린의 아버지는 친일파였다. 민족문제연구소의 친일인명사전 수록자 명단에서 그 이름 석자를 발견할 수 있다. 천재였던 그녀의 아버지는 일제 강점기의 경찰이자 조선총독부 관리로 출세 가도를 달렸다. 해방 후에도 대한민국의 군인으로, 변호사로 호의호식했다. 그런 잘난 아버지의 딸로서 많이 힘들고 아팠을 것이다.

뮌헨에서 특히 알테 피나코테크Alte Pinakothek 미술관에 들어서면서 전혜린의 자장이 더 강하게 느껴졌다. 슈바빙Schwabing 대학가 거리가

세계 6대 미술관 알테 피나코테크

그곳에서 그리 멀지 않다는 소리를 들었기 때문이다. 하지만 단체연수단의 일정상 슈바빙을 들릴 시간이 없다는 소식을 듣고 실망했음은 물론이다.

이제 슈바빙도 변해서 지난날의 낭만적이고 자유로운 파리의 몽마르트나 한국의 대학로 같은 공간이나 환경이 아니라는 가이드의 위로는 귀에 들리지 않았다. 그래도 슈바빙은 슈바빙일 테니까. 그래도 슈바빙은 전혜린의 생애사가 묻어있는 특별한 공간임은 변함없는 역사적 사실이니까.

1950년대 중후반에 뮌헨대학 최초의 유일한 동양인 여학생이었던 전혜린, 니체와 루살로메를 공부하며 제로제^{Seerose}를 자주 드나들고 영국공원$^{Englischer\ Garten}$을 자주 거닐었던 전혜린. 한국에서든, 독일에서든, 절대 평범하고 싶지 않았던 전혜린. 늘 다르게 살고 싶었던 전혜린. 그러나 그녀는 일찍이 요절, 그리고 아무 말도 하지 않고 있다.

"노을이 새빨갛게 타는 내 방의 유리창에 얼굴을 대고 운 일이 있다. 너무나 아름다워서였다. 내가 살고 있다는 사실에 갑자기 울었고 그것은 아늑하고 따스한 기분이었다. 또 밤을 새고 공부하고 난 다음 날 새벽에 느꼈던 생생한 환희와 야성적인 즐거움을 잊을 수 없다. 나는 다시 그것을 소유하고 싶다. 완전한 환희나 절망, 그 무엇이든지…."

나도 이 나라에서든, 다른 나라에서든 다르게 살고 싶다. 완전한 환희나 절망, 그 어느 쪽이든 상관없다. 지금 이대로만 아니면 된다. 오로지 지배나 통제는 결코 당하지 않으면서, 뭐라도 내 마음대로 쓸 수 있는 그 무엇 하나를 소유하고 싶거나 그 무엇 하나로 존재하고 싶다.

안전한 독일사회에서 위험한 한국사회를 경고한 울리히 벡

뮌헨에서 생각나는 다른 사람은 대학원 지도교수와 울리히 벡이다. 다만 그 지도교수 이야기는 차마 입에 올리고 싶지 않다. 우리나라 대학사회에서 교수직으로 저지를 수 있는 거의 모든 병폐와 비리가 한 몸에 체화된 사람으로 기억한다. 낭만적이게도, 전혜린이 다닌

뮌헨대학 출신이라는 사실 때문에 지도교수로 결정했으나 인생사
최악의 선택이었다.

그는 사람을 상대하지 않고 자연을 상대하며 조용히 살고 싶어 선
택한 지질학을 미련 없이 포기하게 만든 사람이다. 영화에 등장하는
공공의 적 같은 나쁜 사람이다. 아직도 그 대학의 명예교수로, 내게
는 끔찍한 트라우마로 건재하다. 내가 50년 넘게 살아본 한국사회에
서 그런 유형의 사람은 적지 않다.

2015년 새해 첫날 갑자기 사망한 세계적 사회학자 울리히 벡도 뮌
헨사람이다. 한국에서는 〈위험사회〉의 저자로 널리 알려져 있다. 그
가 말하는 〈위험사회〉란 사회적 인간이 몰락하고 불안하고 불안정
한 개인만 남아 서로 경쟁하고 다투는 사회를 말한다. 근대화 이후
발생한 대형 사고의 구조적 문제가 알고 보면 거의 그 지점에서 발생
한다는 것이다.

계급 정체성이 약해지고 가족 유대가 불안정해지는 개인화 시대
를 걱정하는 울리히 벡이 제시한 해법은 새로운 정치다. 새로운 정
치는 급진적으로 개인화된 '정치적 시민Citoyen'들이 기존의 제도들에
대항하는 새로운 시민사회의 발현을 뜻한다. 이때 정치는 더 이상
생활과 분리되는 제도정치에 갇히지 않고 생활과 융합하는 '생활정
치'로서 기능한다는 것이다.

가령 세월호 참사에서 한국이라는 위험사회에서 생활하는 한국
인, 한국 국민들은 새로운 정치적 지형이 열릴 때 비로소 그 사회의
주체로 거듭날 수 있을 것이다. 그 경지는 희생자나 그 유가족이 따
로 있는 게 아니라, 내가 아니라서 불행 중 다행이라는 생각이 아니
라, 모두가 국가나 정부에 대한 피해자라는 공감을 서로 공유할 때
가능하다.

울리히 벡은 한국에 와서 한국인에게 직접 경고문을 전달하기도 했다. 한국을 대표적인 위험사회로 진단하고 조심할 것을 낭부했다. 유럽이 150년에 이룬 근대화를 50년이라는 짧은 기간 동안 압축적으로 이뤘기 때문에 다양한 위험에 노출돼 있는 것이라 과학적으로 지적했다.

특히 위험 앞에서 국가나 정부 같은 조직의 무책임이 드러나는 경우 심각한 무정부 상태에 빠질 수 있다고 우려했다. 국가 기관이나 제도는 국민의 신뢰를 잃고 위험은 더욱 증폭된다고 걱정했다. 세월호 참사와 그 이후 정부의 무대책이 그 징후이자 표본이라는 것이다.

뮌헨 뒷골목에서 드디어 발견한 휴지와 담배꽁초

독일 농촌공동체연수단에 끼어 열흘 남짓 주로 독일 남부지역을 돌아보는 동안 길거리에 휴지 한 장 떨어진 걸 볼 수 없었다. 속도 무제한의 아우토반에서는 교통사고는커녕 교통위반 사례도 전혀 목격할 수 없었다. 한국인의 시각으로는 결코 자연스럽지 않았다. 사람 사는 곳에 사고가 없을 수가.

내가 잘못 보았나 싶어 독일에 사는 교포 가이드에게 확인했으나 잘못 본 게 아니라는 것이다. 독일 사람들은 다들, 원래 그렇다는 것이다. 독일의 국민들은 법과 질서와 원칙을 목숨처럼 지킨다는 것이다. 그렇게 생활의 일상과 환경이 정리정돈이 잘 되어있다는 것이다.

아닌 게 아니라 독일은 도시든, 농촌이든 생태공원 같은 풍광이다. 그러다 뮌헨 시청사에서 호프브로이하우스로 걸어가는 뒷골목

뮌헨의 중심 마리엔 광장과 뮌헨시 시청사

쯤에서 드디어 길에 떨어진 휴지와 담배꽁초를 발견했다. 동양의 관광객이나 외국에서 건너온 불법체류자들 소행일 수도 있을 것이나 어쨌든 반가웠다. 독일도, 뮌헨도 사람 사는 곳이라는 확고한 물증을 발견한 기분이었다.

뮌헨은 베를린과 함부르크에 이어 독일에서 세 번째로 큰 도시이다. 독일인이 가장 살고 싶어 하는 도시라고 한다. 12세기 이래 바이에른 왕국의 주도로서 르네상스, 바로크, 로코코 등의 여러 문화가 융합된 궁정문화의 보고다. 이자르Isar 강변의 아테네라는 별칭이 붙을 정도로.

개중에서도 세계 6대 미술관, 세계에서 가장 오래된 미술관 중 하나인 알테 피나코테크Alte Pinakothek는 놓칠 수 없다. 1836년에 문을 연

르네상스양식의 고건축물로 14-18세기 유럽회화를 중심으로 세계 각국의 미술품 약 7000점을 소장, 전시하고 있다.

루벤스 컬렉션으로 세계 최고라는데 독일 화가로 자화상으로 유명한 알브레히트 뒤러Albrecht Durer의 컬렉션만 실컷 관람했다. 화풍이 익숙하지는 않았으나 나쁘지는 않았다. 맞은 편의 노이에 피나코테크Neue Pinakothek, 피나코테크 데어 모데르네Pinakothek der Moderne는 기약할 수 없는 다음 기회나 가망이 없는 내세로 미룰 수밖에 없었다.

뮌헨의 중심 마리엔 광장Marien Platz에 접어들자 수많은 관광객들이 일제히 오직 한 지점을 올려다보는 진풍경이 벌어지고 있었다. 뮌헨시 신 시청사Neues Rathaus에 내걸린 춤추는 인형 시계 글로켄슈필Glockenspiel의 공연을 보려는 것이다. 인형들은 빙글빙글 돌아가며 통 만드는 사람의 춤과 기사의 마상 시합 등의 모습을 재연한다. 매일 오전 11시에 10분간, 5월 1일부터 10월 31일까지 여름철에는 정오 12시와 오후 5시에도 글로켄슈필의 공연을 볼 수 있다.

호프브로이하우스는 술집이 아니라 흑역사의 고발자다

신 시청사는 얼핏 보면 관공서처럼 보이지 않는다. 겉모습은 수백 년이 더 된 박물관처럼 고색창연하고 웅장한 고딕건축물이다. 하지만 완공한 지 100년이 좀 더 되었을 뿐이다. 1867~1909년에 건축하면서 벽면의 곳곳에 천사와 사람들 조각을 장식해놓았다. 청사 안팎을 돌아보며 조각마다 하나하나 다른 자세와 표정을 살피는 재미가 있다.

뮌헨의 신 시청사는 서울시 신청사와 극명하게 대비된다. 쓰나미

뮌헨 시청사 안쪽에 있는 인간상

같이 공격적인 형상의 흉물이라는 악담까지 쏟아진 애물단지 서울
시 신청사가 자연스레 겹쳐진다. 따뜻하고 중후한 질감의 석조건축
물 외벽은 차갑고 무미건조하게 느껴지는 서울시 신청사 유리 외벽
과 차원이 다르다. 뮌헨시와 서울시의 정치인, 공무원, 건축가의 철학
과 품격의 차이만큼 일 것이다.

　시청사 안쪽으로 들어가니 몹시 괴로워하는 인간상의 모습이 눈
에 띄었다. 민생고에 시달리는 시민들의 모습을 형상화해놓은 것처
럼 느껴졌다. 공무원은 그 모습을 보고 한시도 시민의 고단한 삶을

잊지 말자는 의도가 읽힌다. 마리엔 광장 중앙에 우뚝 솟은 뮌헨시의 황금빛 마리아의 탑^{Mariensaule}이 그 인간 조각 군상들을 묵묵히 지켜보고 있다. 공무원의 행정을 감시하고 있다.

마리엔 광장 주변에 역사 문화적 명소가 많다. 시청사 뒷편의 프라우엔키르헤^{Frauenkirche} 성모교회는 양파 모양으로 솟은 청동 돔 때문에 그냥 지나치기 어렵다. 독일인 출신 교황 베네딕토 16세가 대주교를 지낸 곳으로 뮌헨의 랜드마크로 자리 잡고 있다.

마리엔 광장에서 걸어서 5분 남짓 거리에는 세계 최대의 맥주집 호프브로이 하우스^{Hofbrauhaus am Platzl}가 있다. 지난 1980년대 어느 대학 앞마다 그런 이름의 호프집 한둘씩은 반드시 있었으리라. 그래서 낯설지 않았다. 하우스 맥주를 곁들여 독일식 족발 학센^{haxen}으로 점심을 먹었다. 애초 1589년 개장한 바이에른 왕실의 전용 양조장이었다. 그리고 훗날 왕실에서 운영하는 술집이었다. 이제는 뮌헨을 찾는 관광객들의 필수 탐방코스가 되었다.

지난날 그 근처에 살았다는 모차르트는 물론 레닌, 그리고 히틀러도 이 술집을 찾았다고 한다. 특히 1920년 아돌프 히틀러와 국가 사회주의 단체는 호프브로이하우스 3층에 있는 연회장^{Festsaal}에서 첫 모임을 가졌다. 나치로 약칭되는 국가사회주의 독일 노동자당^{Nazi Party}의 탄생비화가 여기서 시작된 셈이다.

나아가 제2차 세계대전, 그리고 한반도 분단, 친일파와 숭미파 발호의 비극이 어쩌면 이 맥주집에서 시작된 셈이다. 그렇다면 호프브로이하우스는 그냥 일개 맥주집이 아니라 세계 현대사를 바꾼 역사의 현장이다. 한국에서는 사람도 제대로 증언하거나 고발하지 못하고 있는 제 조국과 조상의 부끄럽고 뼈아픈 흑역사를 묵묵히, 그러나 영원히 고해, 고발하고 있다.

레닌과 히틀러도 애용한 세계 최대의 맥주집, 호프브로이하우스

프랑크푸르트의 한국인 정의의 신, 차범근
프랑크푸르트 시민은 아우슈비츠 죄악을 잊지 않는다

평생 처음 나라 밖을 나가 첫발을 딛은 땅이 프랑크푸르트다. 정확하게는 프랑크푸르트 공항이다. 쉰이 넘어 20104년 5월 대산농촌재단에서 보내주는 유럽농촌공동체 연수단을 따라나선 것이다. 물론 살면서 외국에 나갈 기회는 몇 차례 있었으나 귀찮거나 절실하지 않았다.

사람 사는 곳이 나라 안이나 밖이나 거기서 거기가 아니겠느냐, 사람 사는 일이야 어디나 다 마찬가지 아니겠느냐는 편견이 강했다. 한마디로 외국의 역사, 문화, 자연, 생활환경 따위에 흥미가 별로 없었던 것이다. 하지만 그게 참 모자라고 어리석은 생각이었다는 사실을 깨닫는 데 그리 오랜 시간이 걸리지 않았다.

독일은 한국과 많이 달랐다. 일단 정리정돈이 참 잘 되어 있는 사회였다. 보이는 곳마다 대개 깨끗하고 반듯했다. 사람이든, 물건이든 모두 제 자리를 잘 지키고 있는 나라가 독일이었다. 그러니까 자연은 마구 훼손되고 사람들은 제 분수와 주제를 제대로 지키지 못하는 풍경이 일상처럼 벌어지고 있는 한국과는 다른 차원의 국가이자 사회처럼 보였다.

프랑크푸르트 중심, 뢰머광장Roemerplatz에 들어서 광장에 우뚝 선 정의의 여신Justitia 상을 마주 보면서 그 느낌은 더 강해졌다. 정의의 여신상이 발산하는 정의로운 정기와 상서로운 주술이 짜릿하게 전해졌다. 독일은 사람들이 다르게 사는 나라, 사람이 사람답게 사는 나라라는 예감이 점점 사실로 다가왔다.

"프랑크푸르트 시청의 발코니에서 외국인으로는 처음으로 프랑크푸르트 시민들의 환호와 찬사를 한몸에 받은 한국인이 있습니다. 바로 한국, 아니 아시아 최고의 축구선수 차범근입니다."

뮌헨에서 생각나는 한국인이 전혜린이라면, 프랑크푸르트에서는 단연 차범근이다. 독일교포인 통역가이드, 그 자신이 축구광인 박동수 씨가 뢰머광장의 구시청사 건물을 바라보며 그 사실을 거듭 상기시켜주었다.

분데스리가 1부 팀인 프랑크푸르트Frankfurt 축구팀의 차범근 선수는 만년 하위권의 팀을 단숨에 상위권으로 끌어올리는 발군의 활약을 펼친다. 1979년부터 1983년까지 4년간 프랑크푸르트에서 뛰며 122경기 46골을 기록하면서 팀의 전성기를 주도했다. 오죽했으면 독일 국가대표 축구감독이 독일 귀화까지 권유했겠는가.

특히 1979~80시즌 팀 역사상 최초로 유럽축구연맹UEFA컵 우승을 이끈 일등공신이었다. 당시 선수들이 우승컵을 들고 프랑크푸르트로 개선, 시청 발코니에 서서 뢰머광장에 모인 시민들의 뜨거운 환영

차범근 선수가 외국인 최초로 발코니에 올라 시민들의 영웅 환대를 받은 프랑크푸르트 구시청사

을 받는다. 외국인 최초로 한국인 차범근 선수가 시청 발코니에 선 것이다. 그것도 들러리가 아닌 단연 주역이었다. 훗날 시청 발코니에

선 두 번 째 한국인은 그의 아들 차두리 선수였다.

조국이 가혹한 군부독재에 시달리던 그 암울한 시절, 그는 불우한 한국인 동포들을 위로해준 거의 유일한 영웅이자 희망이었다. 그가 바로 한국인에게는 정의의 신과 같은 존재였다. 동아시아 변방의 축구선수가 당당히 실력 하나로 세계 최고의 축구 무대인 독일의 분데스리가에서 최고로 인정받은 한국인. 그 시절 한국 땅에서 들리는 기쁜 뉴스는 차범근 선수의 활약 소식밖에 없었다고 기억한다.

프랑크푸르트공항에서 만난
'아름다운 농촌주의자' 황석중 박사

초행길의 외국, 그것도 비행시간 11시간 거리의 머나먼 서양이자 유럽의 허브, 독일 프랑크푸르트. 처음 마주친 공항 로비가 마치 피안의 외계와 같이 느껴져 불편하고 불안했다. 그러나 연수단을 마중 나온 두 명의 한국인과 한 명의 독일인 때문에 곧 안심되었다. 연수단의 지도교수 황석중 박사와 통역가이드 박동수 씨. 그리고 틈만 나면 책을 펴들던 독일인 버스 기사.

그 세 사람 때문에 앞으로의 여정에 불안감과 불확실성은 사라지고 기대감만 남았다. 특히 독일 농정 전문가 황석중 박사는 인상적이었다. 말과 생각이 모두 신선하고 존경스러웠다. 그동안 한국에서는 우리 농업과 농촌의 살길을 그렇게 제대로, 올바르게 생각하고 이야기하는 농정 전문가는 만나기 어려웠다.

그는 연수 기간 내내 일관되고 단호하게 정리해놓은 듯한 그의 농정 철학을 주장하고 강의했다. 한마디로 놓치지 않으려 경청하다 보

독일농정 전문가 황석중 지도교수(모자쓴 이)와 파독광부 아들 박동수 통역가이드

니 마치 평소 내가 하던 생각과 이야기를 듣는 듯한 착각이 들 정도였다. 그의 농정 철학의 기조는 한마디로 '돈 버는 농업'이 아니라 '사람 사는 농촌'이라야 한다는 것. 농사를 지어 못 먹고 사는 농민도 농촌을 떠나지 않도록 나라가 먹여 살려야 한다는 것.

농정에 친환경 농업정책을 처음 도입한 김성훈 전 농림부 장관의 서울농대 대학 동기라고 하는데 과연 그럴 만 했다. 겉으로도 독일에서 박사 공부를 마치고 농진청 초지 과장까지 지낸 보기 드문 엘리트 농정공무원 출신이다. 그러나 초지가 자꾸 골프장으로 개발되는 걸 참을 수 없어 사표를 집어던졌다고 한다.

황 박사는 농촌이 아름다운 나라가 곧 선진국이라고 주장한다. 독일이 선진국 소리를 듣는 이유가 공업이나 서비스업에 있지 않고, 국가기간 산업인 농업에 있다는 게 그의 확고한 지론이다. 처음에는 좀 당황스러웠으나 논리적인 설명을 듣자 깊이 이해가 되었다.

"독일은 농가 농업소득이 국민 평균소득의 75%에 불과하고 농민의 비율은 2% 남짓합니다. 국민총생산 대비 농민 총생산도 고작 1%에 불과하고요. 한국은 아마 3% 남짓하지요. 하지만 독일은 국민적 합의로 농업, 농촌, 농민을 위해 농민수익사업을 지원하고 있어요. 국가가, 국민이 농민의 기본생활을 보장해주는 거지요. 그래서 농부는 영광스러운 자리로 대접받아요. 아무나 농부가 될 수 없고, 아무나 농사를 지을 수 없어요."

그는 아무나 정부의 농업보조금을 받아서는 안 된다고 못을 박는다. 기업농, 대농이 아니라 제대로 농업전문 직업교육을 받은 소농, 가족농이 농정지원 정책의 최우선 수혜자가 되어야 한다고 강조한다.

"농촌다운 농촌은 고유의 문화경관을 간직한 농촌, 전통 미풍양속이 계승되는 농촌, 번잡하지 않고 쾌적한 농촌, 천박한 문명에 오염 되지 않은 농촌입니다. 농업은 인간의 삶을 보전하는 생명산업이며 농촌은 식량 생산기지예요. 농촌은 우리 모두가 돌아가야 할 고향이 아니던가요."

10여 일 동안 독일과 오스트리아 농촌공동체를 둘러보는 동안 신념과 확신에 찬 '사람 사는 농촌' 농정론을 펴는 황석중 박사. 그 모습을 지켜볼 때마다 이런 생각이 자꾸 들었다.

"황석중 박사 같은 이가 한국의 농식품부 장관을 해야 하는데…"

파독광부의 아들, 박동수 통역가이드의 아프고 슬픈 현대사

지금 독일에는 한인들이 약 3만 5000명 정도 살고 있다. 우리 연수단의 통역가이드를 맡은 박동수 씨도 그중 한 명이다. 경제, 상업의 중심지라 한인 사업자가 많이 모여든 프랑크푸르트 인근에만 약 7000명이 살고 있다고 한다. 한인 독일이주가 촉발된 계기와 역사는 1960년대 독일의 내부 사정에서부터 비롯된다.

1960년대 전후 동서독으로 분단된 독일은 통일독일이라는 숙명적 목표를 위해 경제발전에 총력을 기울인다. 그 결과 '라인강의 기적'으로 상징되는 경제 대국으로, 유럽의 강국으로 거듭 태어난다. 당시 실업률이 0%였을 정도로.

경제가 발전할수록 문제는 인력이었다. 모든 인력이 공장으로, 공장으로 몰렸다. 이른바 힘들고 더럽고 어려운 3D업종에서는 사람을 구할 수 없었다. 광부, 간호원, 청소부, 그리고 농부가 바로 그런 직종이다. 방법은 단 하나. 외국에서 인력을 수입해오는 것.

"한국인들은 가난했지만 자존심만큼은 강했어요. 광부나 간호원 일은 해도 청소부 일은 아무도 하지 않았으니까요."

박동수 씨의 아버지도 당시 광부 일을 하러 독일로 건너간 파독 광부 출신이다. 지하 1000m까지 수직으로 내려가 거기서 다시 갱을 수평으로 파고 막장에 들어가 탄을 캐내는 험하고 모진 노동이었다. 처자식과 독일을 위해 독일 사람은 할 수 없는 힘든 일을 감내했다.

간호원 일도 마찬가지였다. 주사, 투약 등 일반적으로 한국 간호원들이 하는 일은 독일에선 의사만 할 수 있는 일이다. 간호원은 나머지 허드렛일을 맡아야 했다. 무거운 환자를 실어나르고 온갖 오물을 처리하고 시체를 닦아주는 험하고 더러운 일. 역시 독일 사람을 하지 않는 기피직업이었다. 이런 일을 서로 해보겠다고 약 1만 명의 한국 간호원들이 독일에 들어왔다.

당시 기록에 따르면 1963년부터 1966년까지 모두 7진으로 나뉘어 약 2500명의 광산근로자가 독일에 들어왔다. 2차로 1970년에서 1977년 10월까지 약 5300명이 추가로 독일광산의 막장 채탄광부가 되었다.

파독광부와 파독간호원들은 계약 기간이 끝나고 독일에 머무르거나 더 넓은 세상으로 떠났다. 광부와 간호원이 서로 사랑을 하고 가정을 이루기도 했다. 특히 당시 파독광부들은 거의 대학 졸업을 한 고학력자들이었다. 독일의 대학원에서 공부를 더 해 교수나 학자가 된 이들도 적지 않다. 이때 사업을 하려는 이들은 자연스레 상업과 금융의 중심인 프랑크푸르트로 모여들었다.

"같은 시대에 일본인들은 발달한 자국 산업을 통해 상품을 팔러 가방을 싸 들고 독일과 유럽을 누비고 있을 때, 우리는 조국이 가난하니 노동력을 팔아 외화벌이를 하려고 독일에서 땀과 눈물을 많이 흘렸어요."

파독광부의 아들 박동수 씨도 군 복무를 마치고 독일로 넘어와 대학에서 전자공학을 공부하고 무역사업을 했다. 지난날 한국의 아프고 슬픈 현대사를 온몸으로 기록하고 있는 유력한 증인이다.

프랑크푸르트 뢰머광장에서 정의의 여신에게 기도를

프랑크푸르트, 정확하게 프랑크푸르트 암 마인Frankfurt Am Main은 독일에서 가장 현대적인 도시로 꼽힌다. '유럽의 가운데 국가가 독일, 독일의 가운데 도시가 프랑크푸르트'라며 시민들의 자긍심이 강하다. 1585년 중세에 증권거래소가 개장된 도시로 '뱅크푸르트'라는 별칭이 붙을 정도로 독일과 유럽 금융과 경제 중심지 역할을 하고 있다.

하지만 인구 70만 명의 시내 중심가를 걷다 보면 현대적 모습의 바탕에 중세의 전통이 저력으로 깔려있다는 사실을 알 수 있다. 프랑르푸르트의 중심, 뢰머광장은 신성로마제국 시대의 유산으로 '로마인 광장'이라는 뜻이다. 광장의 중심에는 정의의 여신상이 솟대처럼 버티고 있다. 여신상은 왼손에는 정의의 기준을 형상화한 저울, 오른손에는 엄정한 심판을 상징하는 칼을 들고 있다. 죄를 지은 자는 광장을 편히 거닐 수 없을듯하다.

광장은 14세기 중기에 300명 이상의 회원을 가진 모직상인조합의 숙소였던 '오스트차일레Ostzeile', 전시관이었던 구시청사 등 중세의 목조건축물로 둘러싸여 있다. 1405년부터 구시청사로 사용된 건축물은 신성로마제국 황제의 대관식 축하연이 벌어졌다. 한국인의 영웅 차범근 선수가 신성로마제국의 황제처럼 시민들의 축하와 환영을 받

뢰머광장의 정의의 여신과 니콜라이 교회

림머광장의 중세건축물 오스트차일레와 성바돌레메 대성당

던 발코니를 한참 쳐다보았다.

오스트차일레 뒤편에는 역대 신성로마제국 황제들의 대관식이 치러진 성바돌레메 대성당, '카이저 돔Kaiser Dom'이 프랑크푸르트의 또 하나의 랜드마크로 자리 잡고 있다. 13~15세기의 건축된 고딕양식 건축물로 높이 95m의 첨탑이 하늘을 찌르고 있다. 광장 남쪽의 작고 아담한 니콜라이 교회의 모습과 대비된다.

뢰머광장을 빠져나오는데 힘겹고 고통스러운 표정을 짓고 있는 조각상이 붙잡는다. 아우슈비츠 만행을 괴로워하는 독일인의 자화상을 의미한다고 한다. 프랑크푸르트는 15세기 중반에도 이미 이 지방에서 살고 있던 유대인들은 모두 시외에 따로 만든 게토^{Ghetto}지역으로 이주를 시켰다. 독일에서 유대인의 차별과 학살은 히틀러나 나치 이전에 이미 중세 때 부터 자행된 뿌리 깊은 죄악이었다.

이렇게 독일인들은 도시 광장 한복판에조차 아픈 역사를 잊지 않으려 애쓰고 있다. 죄를 지은 선조들의 후손들은 유대인 희생자 후손들에게 끊임없이 반성하고 용서를 구하며 스스로의 과오를 영원히 단죄하고 있다. 그런데 일본과 한국의 친일파들은 반성과 사죄를 모른다. 한국과 한국인에 대해 전혀 그럴 생각이 없다.

특히 친일파의 후손들은 무엇이 죄이고 악인지 아직도 잘 모르고 있는 듯하다. 나는 뢰머광장에서 정의의 여신에게 정의가 무엇인지 물어봤다. 그리고 조국이나 민족이란 무엇인지, 조국이나 민족을 배신하고 해치고도 용서를 구하지 않는 자들은 대체 어떻게 단죄를 해야 하는지 절박하게 답을 구했다. 비록 정의의 여신은 아무런 말이 없었지만 답은 이미 내 안에 있다.

"나는 그들을 용서할 수 없다. 그럴 자신도, 자격도 없다. 그러기엔 그들의 죄가 너무 크고 깊고 무겁다."

하이델베르크에서 다시 학생이 되고 싶다
막스 베버가 가르치고 한나 아렌트가 배운 대학

졸업한 지 거의 30년 만에 대학교 교정을 거닐었다. 스스로 민족적 음주가무 및 민주적 고성방가 특성화 대학으로 규정한 모교를 잠시 들렀다. 그동안 몇 번 스쳐 지나가며 쳐다보던 것과는 기분부터 달랐다. 상전벽해처럼 변한 캠퍼스의 속살을 들여다보는 동안 타임머신을 탄 이방인의 심정이 되었다. 모든 시공간이 낯설어 현재로부터, 현실로부터 강제로 격리된 착각이 들었다.

그 시절, 대학은 내게 학문의 전당이나 배움의 터전이 아니었다. 학생의 신분임에도 학업은 게을리하고 주로 음주가무와 고성방가로 보석 같은 청춘을 소일하고 탕진했다. 감옥이거나 병영 같은 고등학교에서 벗어나자 더 큰 감옥과 병영이 나를 기다리고 있었다. 그곳이 바로 대학이었다. 나는 그 비루하고 막막한 시공간 안에 꼼짝없이 갇혀 지냈다. 충분히 실망하고 좌절했다. 술로 소일한 변명이다.

돌이켜보면 1980년대는 맷집과 담력이 약한 나 같은 평범한 사람들은 제정신으로 살아가기 힘든 시절이었다. 하다못해 유치한 공명심이나 무모한 야심이라도 좀 있었더라면. 나는 좌도 우도 아닌 채 중심과 노선을 못 잡고 술집이 늘어선 저잣거리를 배회했다. 왼쪽에 대해서도, 오른쪽에 대해서도 선뜻 다가가거나 손을 내밀지 못했다. 그렇다고 중간이나 중도도 아니었다. 나는 아무것도 아니었다.

학년이 올라갈수록 이쪽도 저쪽도 아닌 아무것도 아닌 것으로 신념과 정체성은 더욱 굳어갔다. 하다못해 '너는 어느 쪽이냐고 묻는 무자비하고 야비한 말'들에 대해서는 짜증을 내거나 화를 냈다. 대신 좌든 우든 편견을 두지 않고 모든 치졸함과 천박함과 추악함에 대해서 경멸의 시선을 보냈다. 모든 부정과 불의와 위선에 대해서 분노의 화살을 쏘아댔다.

'나의 대학 시절'은 여전히 아프고 슬픈 현실이다

그렇게 오직 분노와 절망에 가득 찬 한낱 회색빛 아웃사이더로서 자아를 탄탄히 구축했던 시간이 대학 시절이다. 다행히도 교실 밖에서 만나 읽은 몇 권의 책, 그리고 사랑하는 사람이 늘 곁에서 도움을 주었다. 일상이 전장이나 생지옥 같았던 그 시절 그 대학에서 그렇게나마, 그런 식으로 겨우 살아남았다.

하지만 오랜만에 다시 찾은 대학에는 여전히 아프고 슬픈 기억과 상처의 술비린내가 도처에 진동하고 있었다. 시간은 많이 흘렀으나 이 나라와 사회, 그리고 학교는 그 시절과 크게 달라지지 않았다. 진보하지 않았다. 나아지기는커녕 절망스럽게도 반사회적, 비도덕적 말세의 나락으로 역주행, 퇴행하고 있다.

교문을 나서면서 그 시절, 기형도시인의 시를 비틀어 지은, 우리 대학의 현실에 침을 뱉는 심정으로 노래한 졸시 〈나의 대학 시절〉이 저절로 떠올랐다. 30여 년 방치한 여전히 아프고 슬픈 우리 대학의 안타까운 현실을 나는 그만 목격하고 말았던 것이다.

나무의자 밑에는 버려진 막걸리통이 가득하였다

소나무 숲은 깊고 아름다웠지만
그곳에서는 소주병조차 무기로 사용되었다

그 아름다운 숲에 이르면 청년들은 각오한 듯
술을 퍼마시려 주저앉았다

돌층계 위에서
나는 콜린윌슨을 읽었다, 그때마다 술이나 한잔 하자는 초인
의 목소리가 들렸다

진달래철이 오면 친구들은 고모집과 애기능 언덕으로 흩어지
듯 나뉘었고
시를 쓰던 후배는 자신이 알콜중독자라고 털어놓았다
존경하던 교수가 있었으나 그분은 원체 술을 못했다

몇 번의 겨울이 지나자 나는 아웃사이더가 되었다

그리고 졸업이었다,
술판을 떠나기가 두려웠다

하이델베르크에는 세계에서 가장 큰 술통이 있다

만약 지금 타임머신을 탈 수 있다면 처음부터 초·중·고 등 각급 학교를 다시 다니고 싶다. 아니면 학교를 아예 안 다니고 싶다. 학비와 생활비가 넉넉하다면 독일로 넘어가 하이델베르크대학쯤에 입학하고 싶다. 〈압록강은 흐른다〉의 이미륵 작가처럼 다시 대학생 노릇을 하고 싶다.

술은 이제 그만 좀 마시고, 분노도 적당히 조절하고, 성실하고 진지한 학생으로서의 본분은 한시도 잊지 않으며 인간과 사회의 진실을 다시 공부하고 싶다. 정의롭고 지혜로운 교수나 선생의 지도를 받으면서 용기 있고 창조적인 학우나 도반들과 협동하고 연대할 수 있다면 참 좋을 것이다. 그런 동지들과 함께 새 나라를, 새 공동체를 만드는 방법을 열심히 학습하고 토론하고 연구·개발하고 싶다.

지난해 5월, 대학의 도시 하이델베르크에서 반나절을 보냈다. 반나절을 보냈다는 말은 본 게 별로 없다는 말이다. 하지만 나는 느낀 점이 많았다. 하이델베르크는 듣던대로 독일에서 가장 아름다운 도시였다. 게다가 가장 지적인 도시였다.

짧은 그 도시에서의 기억에서 앞자리를 차지하는 건 단연 술통과 술집이다. 아마도 나의 대학 시절을 온통 지배한 게 술이라 그럴 것이다. 하이델베르크 고성 지하실의 22만 리터가 담기는 세계에서 가장 큰 와인 술통, 그리고 추억의 영화 〈황태자의 첫사랑〉의 무대인, 하이델베르크 대학가 학사주점 '붉은 황소Roten Ochsen'.

하이델베르크 성에서 조망한 대학 도시 하이델베르크는 중세 동화의 나라의 풍광이다. 하지만 겉으로는 아픈 역사를 애써 감추고 있다. 지난날 참담한 전란의 폐허를 딛고, 독일에서 가장 아름다운 도

하이델베르크 성에서 조망한 하이델베르크 중심가. 무게중심을 잡고 있는 '성령교회'

시로 재건된 것.

17세기에 30년 종교 전쟁, 프랑스 루이 14세의 팔츠계승전쟁으로 도시 전체가 초토화되었다. 당시 살아남은 고딕양식의 건축물이라 곤 하이델베르크대학 부속교회인 성령교회Heiliggeistkirch, 기사회관 정도라고 한다. 그래서 지금 볼 수 있는 동화 같은 건축물들은 대부분 18세기에 당시 유행한 바로크 건축 양식으로 재건축될 수밖에 없었다 .

　개중 하이델베르크 시가지의 무게중심을 잡고 있는 성령교회는 특별한 의미가 있다. 유독 일본인 관광객들이 반드시 찾는 사연이 있다. 히로시마 원폭투하를 상징하는 스테인드글라스가 그곳에 있기 때문이다. 원폭 이후 그곳에서 나온 잔재를 가지고 원폭 희생자를 위로하고 비극을 잊지 않으려 만들었다는 것이다. 전쟁의 파괴를 겨우 면한 성령교회가 인류역사상 가장 비극적인 전쟁의 상징물을 품고 있는 역사적인 현장이다.

하이델베르크 고성은
하이델베르크 대학 때문에 파괴된 셈이다

　누구나 하이델베르크에 입성하면 가장 먼저 눈에 들어오는 건축물은 단연 하이델베르크 성Schloss Heidelberg일 것이다. 도시를 휘감고 도는 네카어Neckar 강변에서도 100m 높이에 우뚝 서 있는 웅장하고 중후한 붉은 사암 건물을 외면할 도리가 없다. 이 성 또한 30년 종교전쟁, 프랑스 루이 14세의 침략전쟁으로 철저히 파괴되었다. 심지어 낙뢰의 천재지변도 성을 피해가지 않았다. 이후 비워둔 성이 무주공산처럼 방치되자 시민들이 성채에서 돌과 벽돌을 훔쳐가면서 성은 더 망가졌다.

　어찌 보면 고성이 이렇게 망가진 근본적인 원인은 다 하이델베르크 대학에 있다. 대학의 지적 세례를 받은 하이델베르크 시민들은 어느 도시보다 혁신적이고 진보적인 성향을 가지게 되었다. 종교개혁 당시 가장 먼저 전체 시민들이 개신교로 개종할 정도였다. 당시

하이델베르크 고성 아래의 하이델베르크 대학 광장

프리드리히 5세가 구교에 대항하는 신교의 중심인물이 되면서 하이델베르크는 유럽 대부분이 파괴되는 30년 종교전쟁의 주역이자 주무대가 되고 만다.

지금도 성은 여전히 폐허나 다름없는 외관이다. 관광객들이 보기에는 돈 많고 역사관이 깊은 독일 정부에서 왜 그렇게 방치하는지 의아스럽다. 하지만 그 이유를 듣고 나면 고개가 끄덕여진다. 완벽한 복원이 어려우면 차라리 복원하지 않는다 게 독일 문화재관리의 원칙이라는 것.

어설프게 손을 대서 위작이나 모조품처럼 만드느니 차라리 그냥 파괴된 상태로 놔두는 게 문화재의 원형으로서 더 의미와 가치가 있다는 말이다. 맞는 말이다. 폐허 같은 하이델베르크 고성은 전혀 폐허 같지 않다. 아름답고 장엄한 역사와 문화의 콘텐츠가 가득 차 있는 느낌을 받는다.

13세기부터 짓기 시작한 이 특별한 고성에서도 가장 흥미로운 건 세계에서 가장 큰 와인 술통이다. 1751년에 만들어진 일명 하이델베르크 툰Heidelberg Tun이다. 정확하게 22만 1726리터의 용량이다. 당시 이 지방에서 나는 백포도를 세금으로 받아 와인으로 담가 놓으려고 이렇게 크게 만들었다고 한다. 술통 위로 사람이 올라가 춤을 추고 연주하는 공연무대로 삼을만한 정도의 크기다.

이 술통과 관련해 '믿거나 말거나' 야사도 전해진다. 전쟁이 나서 적으로부터 소중한 와인 통을 지키라고 파케오Perkeo라는 난쟁이를 고용했다. 그런데 지키라는 와인통은 지키지 않고 하루 15병씩 와인을 퍼마시는 바람에 골머리를 앓았다는 희비극이다. 하지만 아직도 난쟁이는 쫓겨나지 않고 조각상으로 부활해 술통 옆을 단단히 지키고 있다.

막스 베버가 가르치고 한나 아렌트가 배우고
비스마르크가 술 마신 하이델베르크대학

하이델베르크대학Ruprecht-Karls-Universitat Heidelberg은 명실공히 독일에서
가장 오래된 대학이다. 신성로마제국 알프스 산맥 북쪽에서는 프라
하 카를 대학교, 빈 대학교 다음으로 3번째다. 루페르트Ruprecht 1세가
세워 1386년에 교황 우르바누스 6세의 인가를 받았다. 개교한 지
600년이 훌쩍 넘은 것이다.

그동안 55명의 노벨상 수상자를 배출한 세계적 명문대학답게 위인
과 명사 동문이 즐비하다. 철학자 루드비히 포이에르바하, 헤겔, 그
리고 현대 사회학의 아버지로 불리는 막스 베버가 교수로 재직했다.
독일의 통일을 이끈 헬무트 콜도 이 대학 출신이다.

독일계 유대인 정치사상가 한나 아렌트Hannah Arendt도 여기서 철학
박사 학위를 받았다. 그녀는 마르부르크 대학에서 불륜 관계였던 하
이데거에게 철학 공부를 시작했다. 하지만 나치에 적극 협력하던 하
이데거에 환멸을 느끼고 하이델베르크로 떠났다.

하이델베르크대학에서는 실존주의 철학자 카를 야스퍼스의 지도
를 받는다. 아렌트는 권력은 '한 개인의 소유물이 될 수 없으며, 그
것은 집단이 함께 유지되는 한에서만 존재하는 것'이라고 규정한다.
타인의 의지에 반하는 경우의 권력은 폭력으로 규정한다. 하이델베
르크 대학에서 공부하며 품게 된 신념일 것이다.

이 대학 지질·고생물학 연구소는 인류의 조상을 모시고 있다. 성
전이나 사당이 있는 게 아니다 '하이델베르크인의 하악골' 화석이 전
시되어 있다. 바로 '호모 에렉투스'의 그것이다. 비록 공부를 열심히
한 건 아니지만 나는 명색이 학적부상으로는 지질학 전공 석사다.

추억의 명화 〈황태자의 첫사랑〉의 무대 '붉은 황소'

그 유명한 화석을 지척에 두고도 보지 못한 아쉬움이 크다.

심지어 하이델베르크 대학로의 명소 '붉은 황소'도 그냥 지나쳤다. 고양이가 어물전을 그냥 지나친 셈이다. 반나절 도보여행이라 시간이 너무 부족했다. 하이델베르크 대학가에 있으니 일종의 학사주점이다. 1839년 개업 이래 6대째 슈펭겔Spengel 집안에서 가업을 잇고 있다. 하이델베르크에서 가장 오래된 술집이다. 작가 마크 트웨인, 영화배우 존 웨인과 마릴린 먼로, 그리고 독일의 철혈재상 비스마르크도 이 술집을 다녀갔다.

뮤지컬 영화 〈황태자의 첫사랑The Student Prince〉의 촬영장소로 특히 유명하다. 황태자 카를 하인리히가 하이델베르크대학으로 유학 와서 카페에서 일하던 케티와 사랑에 빠진다는 한국 드라마 같은 내용이다. 붉은 황소 문 앞에서 들어가지 못하고 아쉽게 발길을 돌릴 때 나는 분명히 들었다. 칼 황태자 역의 마리오 란자가 힘차게 선창하는 '드링크, 드링크' 노랫소리 환청을.

하이델베르크에서는 원숭이가 사람을 가르치고 있다

고성에서 구시가지 마르크트 광장Grote Markt으로 내려와 성령교회 담벼락에 붙은 작은 상점과 카페를 둘러보는 재미도 괜찮다. 내쳐 네카강변으로 다가가면 카를 테오도르Karl Theodor Brucke 다리가 놓칠 수 없다. 홍수로 유실된 목조다리를 18세기 말에 개축했다. 개축자 '칼 테어도르'의 이름도 붙이고 동상도 세웠다. 현지인들은 오래된 다리라는 의미로 '옛 다리Alte Brucke'라고 부른다고 한다.

다리 입구에는 작은 원숭이 청동상 앞에 사람들이 잔뜩 모여있다.

원숭이가 살아서 재주를 부리는 것도 아닐 텐데. 하이델베르크가 철학의 도시였음을 상징하는 철학적인 조형물이라고 한다. 가만히 들여다보면 작은 원숭이가 왼손으로 동그란 거울 같은 청동원판을 들고 있다. 듣고 보니 사연이 심상치 않다.

15세기에 하이델베르크는 도시의 문장으로 원숭이를 새겨넣었다. 원숭이는 서양에서는 한국의 개처럼 욕이 되는 불경한 동물이다. 그런데 욕의 화신을 도시의 문장으로 사용하다니. 하이델베르크는 급진적인 진보성향의 도시이자 철학의 도시로서 특별한 선택을 한 것이다.

당시의 사회상을 원숭이에 빗대어 비유, 세태를 풍자하려 했다는 것이다. 그리고 보니 가장 천시되고 추하게 취급되는 원숭이가 사람처럼 비스듬하게 서서 비웃는 모습을 하고 있다. 그리고 사람에게 정면으로 청동거울 원판을 내미는 듯하다. 사람들이 그 거울 속에 비친 자신의 모습과 원숭이의 모습과 비교해보라는 뜻이라는 것이다.

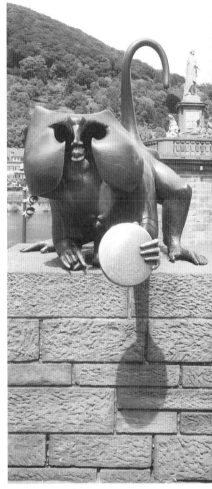

하이델베르크 다리에 세워져 있는
원숭이 청동상

압권은 원숭이의 빨간 엉덩이다. 당시 대주교의 종교적 간섭이 심했기 때문에 대주교가 사는 마인츠 방향으로 엉덩이를 늘이밀게 만들었다고 한다. 마인츠 대주교에 대한 시민들의 불만스러운 민심을 대변하는 모양이라는 것이다.

철학 있는 교육이 마을과 도시와 나라를 구할 것이다

불과 반나절 동안이었지만 독일의 하이델베르크에서, 고성에서, 대학에서, 술집에서, 그리고 원숭이 상에서 소중한 깨달음을 얻는다. 철학이 없는 민족은, 교육이 잘못된 국가는 고난과 고통에서 벗어날 수 없으리라는. 선진국 독일, 독일 국민의 의식 수준과 생활방식은, 바로 독일 교육의 성과물이라고 해도 과언이 아니라는 깨달음이다.

독일에서 사실상 교육의 시작인 유치원을 책임지는 정부부처는 교육부가 아니라 사회복지부다. 교육의 시작을 단순한 교육행위가 아닌 보편적 사회복지서비스 차원에서 접근하고 있는 것이다. 유치원 3년 동안 가르치고 배우는 것은 아무것도 없다. 그저 자연 속에서 다른 친구들과 사이좋게 놀고 어울리는 법을 배울 뿐이다. 아이들이 모국어조차 깨우치지 못하고 3년 내내 허송세월(?)해도 학부모는 전혀 항의하지 않는다.

초등학교 4년 동안은 줄곧 동일한 선생님이 담임을 맡는다. 아이들을 최소한 4년 정도는 내내 지켜봐야 그 아이가 어떤 아이인지 겨우 파악할 수 있다는 것이다. 그래야 그 아이가 공부를 할지, 기술을 배울지 판단할 수 있다는 것이다. 교사는 아이의 미래를 학부모에게 자신 있게 추천하고 학부모는 교사의 신중한 결정을 믿고 따른다.

독일의 대학 도서관에서 산만하게 들락날락거리는 학생은 대개 한국 유학생이라고 한다. 일단 체력과 집중력이 부족해서 그렇다. 선택한 학과와 학문에 대한 통찰이나 신념이 부족해서 그렇다. 반면 독일 학생들의 체력과 집중력은 대단하다. 어릴 때부터 축구 등 운동이 생활화되었다. 학원이나 독서실 골방 책상에 붙어 앉아 시험공부만, 숙제만 하지 않는다,

무엇보다 독일 대학생들은 스스로 하고 싶어 하던 공부를 하니 집중력이나 흥미가 안 생길 리 없다. 고등학교에서는 한국처럼 입시공부에 대한 강제와 부담이 없었으니 대학에 와서 본격적으로, 자유롭고 창의적으로 공부와 연구에 재미를 붙인다. 한국 유학생들은 이미 고등학교 때 공부에 지치고 매력도 잃은 상태로 독일로 건너오는 경우가 다반사다.

농부가 되려는 아이는 농업전문학교에서 철저히 공부해야 한다. 졸업하고도 수년간 농장에서 현장실습을 마쳐야 국가고시를 봐서 농부자격증을 취득할 수 있다. 농부자격증이 있어야 농부로 인정받고 농업을 직업 삼을 수 있다. 아무나 농사를 지을 수 없다. 농사뿐 아니라 농식품 가공도 마찬가지다.

모두 교육이, 철학이 문제다. 그게 모든 변화와 혁신의 시작이자 끝이라고 확신하다. 정확히 그 지점에서 우리는 처음부터 다시 출발해야 한다. 앞으로 수십 년이 걸리든, 수백 년이 걸리든. 600년이 넘은 대학을 가진, 독일에서 가장 아름답고 진보적인 도시 하이델베르크가 그 증거다.

프라이부르크는 '탄소'로부터 자유로운 '성'을 꿈꾼다
프라이부르크에 왜 '로자 룩셈부르크' 거리가 있을까

2014년 5월, 프라이부르크Freiburg는 선거의 한복판에 있었다. 유럽 의회 선거가 임박했음을 알리는 공보물이 도처에 나붙었다. 유럽 의회European Parliament는 유럽 연합EU의 입법 기관이다. 27개 유럽 연합 회원국의 국민들이 5년에 한 번씩 직접 의원을 선출한다.

그러나 한국의 선거 분위기와는 사뭇 달랐다. 거리는 아무 일도 없다는 듯 일상처럼 차분했다.

그 무렵 한국도 지방선거를 한 달여 앞두고 있는 시점이었다. 중요한 선거를 한 달 앞둔 시점의 한국의 저잣거리는 차분하지 않다. 입후보자나 유권자나 다소 들 떠 있거나 소란하다.

몇 달 전까지 모 진보정당의 지방선거 공약을 준비했던 입장에서 선거 벽보마다 그냥 지나칠 수 없었다. 유럽과 한국의 선거가 어떻게 다른지 관찰하고 싶어졌다. 흥미롭게도 개중 녹색당, 해적당 등 군소 진보정당의 공보물이 단연 눈에 띄었다. 어떤 것은 차라리 선거공보물이라기보다 대학로에 무질서하게 내걸린 문화예술 공연포스터처럼 느껴졌다.

그만큼 유럽인들의 정치문화는 창조적이고 자유로워 보였다. 선거 공보물의 디자인만으로도 어느 정도 느낄 수 있었다. 유럽 선거는 정치인 또는 입후보자들만의 폐쇄적 행사가 아니라는 것. 시민들이나 유권자들이 직접 참여하는 공동체의 축제나 향연에 가깝다는 사실. 유럽에서 정치란 재미있거나 즐거울 수도 있다는 사실.

그렇게 프라이부르크에서 유럽의 선거문화를 직접 목격하면서 한국의 프라이부르크, 과천시의 선거상황이 저절로 겹쳐졌다. 당시 서형원 녹색당 후보는 정의당 황순식 후보와 경선에서 승리, 단일후보로 결정된 상태였다. 일종의 적록동맹을 통한 진보정당 최초의 독자적 지방정부를 실현할 호기를 맞이한 것이다.

당시 서형원 후보는 과천시를 '녹색 심장이 뛰는 녹색 도시'로 만들겠다는 당찬 포부를 밝혔다. 선거구호도 녹색당다웠다. "새싹이 움트듯 나무에 물오르듯 피어라 과천!". 재선에다 과천시의회 의장을 지내는 등 나름대로 과천시민에게 충분한 신뢰와 지지를 확보한 서 후보. 일각에서는 당선 가능성마저 조심스레 점쳐졌다.

그때 나도 서 후보가 시장이 되면 과천으로 이사갈 마음의 준비를 약간 하고 있었다. 하지만 19.25%, 7,121표 득표. 그만 3위로 낙선하고 말았다. 딱 거기까지였다. 한국에서 녹색당의 꿈은, 진보정당의 힘은. 한국은 독일이 아니고, 과천은 '독일의 환경수도' 프라이부르크가 아니었다. 독일 녹색당이 창당되고, 독일 최초의 녹색당 시장이 탄생한 그 생태 도시가 아니었다.

프라이부르크는
신재생에너지만 사용한다

프라이부르크 시민들은 태양광, 풍력, 수력 등 신재생에너지만 사용한다. 화석연료나 핵연료를 이용해 발전한 전기는 사용하지 않는다. 시내에서는 화석연료를 사용하는 자동차는 다니지 않는다. 아예 시내로 들어가지도 못한다. 도시 외곽에서 무조건 하차해 트램으로 갈아타거나 자전거를 타야 한다. 아니면 걸어서 들어가야 한다.

그래서 프라이부르크는 독일의 '환경수도'로 불린다. 생태 도시 프라이부르크의 역사는 1970년대 초 핵발전소 건설에 반대하는 반핵운동으로 촉발됐다. 본디 이 도시는 독일에서 가장 품질 좋은 와인이 생산되던 곳이다. 프라이부르크 시민들은 포도나무와 와인을 포기할 수 없었다.

프라이부르크의 자산 포도나무를 지키기 위해 시민들이 들고일어났다. 결국 원전 건설 계획은 철회됐다. 원전 반대운동으로 도시의 포도나무를 지킨 시민들은 이후 도시의 환경을 지키는 운동에 나섰다. 마침내 1986년 체르노빌 사고 이후 시의회는 에너지자립도시를 선언했다. '에너지 절약,

신재생에너지 개발, 에너지 효율 신기술 개발'이라는 세 가지 에너지
정책을 원칙으로 정했다.

독일 남서부 바덴뷔르템베르크 주에 있는 '자유의 성^{Freiburg im}
_{Breisgau}'이라는 이름의 이 도시는 인구 21만의 작은 도시다. 하지만 전
세계에게 방문객이 끊이지 않는다. 대부분 관광 목적이 아니다. 인
류가 앞으로 어떻게 살아가야하는지를 보여주는 실증모델을 벤치마
킹하려고 모여드는 것이다. 한국에서도 왠만한 도시 행정가나 설계
자들은 이 도시를 찾았을 것이다.

독일교포 통역가이드 박동수 씨는 프라이부르크에 들어서자 유독
말이 많아졌다. 공학도 출신이라 그런지 프라이부르크의 신재생에너
지 생산기술을 비롯한 프라이부르크에 대한 자랑이 자꾸 하고 싶은
것이다. 그의 조국인 한국의 동포들이 앞으로 어떻게 살아가야 하는
지 하나라도 더 알려주고 싶은 것이다.

"프라이부르크는 독일의 친환경 운동과 정책, 그리고 신재생에너지
의 고향이라고 할 수 있어요. 2022년에 완전히 모든 핵발전소를 영
구 폐쇄하려는 독일의 정책의 시발점도 프라이부루크입니다. 이같은
정책을 이끌고 있는 녹색당이 바로 이 도시에서 창당된 것은 결코
우연이 아니죠."

프라이부르크를 재설계한 취리히공대 출신 공무원

"프라이부르크는 시민들의 요구를 받아들여 2000년 국제산업박람
회에 친환경적 도시 프로젝트를 처음 선보였어요. 에너지를 자급하
고 전체 도시를 생태 도시로 재설계한다는 계획이었어요."

한 시대를 규정하는 모든 새로운 역사는 그 문을 열어제치는 위대한 선각자가 있게 마련이다. 프라이부르크의 경우도 다르지 않았다. 박동수 씨가 그중 한 사람을 소개한다.

"프라이부르크의 생태 도시 전환 계획은 한 시청 공무원의 헌신적 노력이 있었어요. 아인슈타인이 공부한 스위스 취리히공대에서 도시 설계를 공부한 드레슬Dressel 씨입니다. 30여 년 전 대학을 졸업하고 처음 취직한 곳이 프라이부르크 도시설계과였어요. 아직도 거기서 일하고 있습니다."

드레슬 씨는 직장을 얻은 프라이부르크로 이사와 변두리 아파트에서 자취 생활을 했다. 도시 설계가인 그의 눈에는 구시가지와 신시가지가 뒤섞인 프라이부르크가 무질서하고 지저분하게 보였다. 그는 자신의 일터이자 삶의 터전인 도시를 쾌적한 생활공간으로 리모델링하고 싶어졌다. 그의 그러한 구상을 접한 지역의 주민들은 호응과 지지를 보냈다. 드레슬 씨는 도시 전체를 재설계하는 중책을 맡고 그 임무를 훌륭히 완수한다.

30년이 지난 지금도 아직 그는 시청 도시설계과에서 그대로 근무하고 있다. 독일인들은 자신이 일을 시작한 장소에서 평생 근무하는 것이 원칙이라고 한다. 이사를 가거나 다른 지역으로 전근을 가거나 그만두지 않는 이상은. 전문가를 잘 키우지 않는 한국의 공무원 사회에서는 가능하지 않은 일이다. 부러운 일이다.

프라이부르크 시내에서 모든 자가용은 통행금지

프라이부르크에서 사는 시민들이나 방문객들은 굳이 자가용 자동

차 없는 도시를 목표로 운영하는 '카셰어링 시스템'

차를 탈 필요가 없다. 트램, 버스 등 대중교통 시스템이 잘 구축되어 있다. 동서남북, 사통팔달 차선들이 유기적으로 잘 연결되어 있다. 트램 노선에는 소음을 흡수하기 위해 레일 사이로 잔디를 심었다. 자동차의 시내 주행 제한속도는 30km다.

카 셰어링Car Sharing 시스템도 언제, 어디서든 이용할 수 있다. 그러니 군이 자가용을 소유할 필요가 없다. 시내 도심으로는 아예 자가용이 들어갈 수도 없다. 자가용을 소유하고 운전하는 사람을 더 불편하게 만든 시스템이다. 자가용이 없어야 더 편하게 살 수 있는 도시다.

시내 도심으로는 자전거와 전차, 버스 등 대중교통 수단만 진입할 수 있다. 차가 함부로 다닐 수 없는 시내 도심은 보행자들의 천국이다. 차 보다 사람이 늘 먼저다. 전체도로 540km 가운데 자전거 도로가 410km에 이른다.

길마다 작은 실개천 '베히레Baechele'가 도시 구석구석을 누비고 있다. 총연장 20km가 넘는다고 한다. 1500년대부터 하수도, 소방용수 용도로 독일 전역에 만들었다. 하지만 지금은 오직 프라이부르크에서만 볼 수 있다고 한다. 프라이부르크의 명물인 셈이다. 자연스럽게 도시의 온도와 습도를 조절하고 홍수를 조절하는 기능을 한다.

전임 서울시장이 이것을 보고 흉내 내서 만든 모사품이 광화문광장에 있다고 한다. 가서 눈으로 직접 확인해볼 필요가 있다. 과연 서울시의 온도와 습도를 조절하고 홍수를 조절하는 기능은 있는지.

프라이부르크의 외곽도 생태 도시로서 천혜의 조건을 갖췄다. 울창한 흑림Schwarzwald이 도시 전체를 둘러싸고 있다. 남북 길이만 130km에 달하는 광대한 숲이다. 흑림은 이 도시를 신선하게 유지하는 청정공기의 공급원이다. 흑림에서 불어오는 자연 바람이 도시로 잘 스며들고 통과하게 하려고 프라이부르크는 고층빌딩 건축을 허가하지 않는다.

생태 마을 보봉단지에 로자 룩셈부르크 거리가

2차 대전 이후 프랑스 군대가 주둔하던 터는 생태 마을 보봉Vauban 단지로 변했다. 원전 건설 계획을 시민들이 들고일어나 막았다. 생태 마을 건설을 위한 시민자치 모임 '보봉포럼'이 단지 설계를 주도했다. 설계의 기본원칙은 인근 흑림의 목재로 지은 패시브하우스, 에너지 플러스 하우스 등의 생태건축, 태양광 등 신재생에너지 자급으로 정했다.

시민들이 건축이나 에너지 기술 못지않게 더 중요하게 고려한 단

프라이부르크 보봉생태주거단지의 '로자 룩셈부르크 거리'

지 설계의 원칙은 따로 있다. 바로 이웃과의 교류와 공감이다. 일단 가가호호 집과 집 사이에는 담이 없다. 모든 집이 마당으로 연결이 되어 문과 벽으로 닫히거나 막히지 않는 허물없는 이웃으로 지낸다. 도시지만 마치 여느 농촌 지역의 마을공동체 풍광이 자연스럽게 연출된다. 문과 담이 사이에 가로놓여 있지 않은데 서로 피하거나 외면할 도리도 없다.

2000여 가구, 5000여 명의 주민이 상주하는 보봉생태주거단지의 목표는 '탄소 제로 도시'다. 사용하는 전기는 모두 태양광 발전에 의존한다. 생산량이 사용량을 초과해 남은 전기는 다시 되 파아 부수입도 챙긴다. 차 없는 마을, 자원순환 마을, 태양에너지 주택 등 에너지자립마을 보봉단지가 추구하는 핵심가치다.

단지 내 중심거리에는 사회주의 혁명가의 이름이 붙어 있다. 로자 룩셈부르크Rosa Luxemburg. 독일 공산당의 전신인 스파르타쿠스단을 설

패시브하우스, 에너지플러스 하우스 등 생태건축으로 조성된 에너지 자립 생태주거단지

립한 핵심 인물. 스위스 취리히에서 법률학과 정치경제학을 공부한 유대인. 민족주의보다는 국제사회주의를 옹호한 혁명가.

로자 룩셈부르크 거리를 거닐면서 그녀의 이름이 붙어 있는 이유를 곰곰이 곱씹어보았다. 군부대가 철수한 자리를, 원전건설 계획까지 철회시키고 생태주거단지로 다시 태어나게 한 시민들의 정신을. 그 '깨어있는 시민들의 조직된 힘'을 확인할 수 있는 역사적 현장의 의미를.

그리고 마르크스주의를 인간 본위로 해석한 그녀 로자 룩셈부르크의 생애를, 국제사회주의의 목표를 달성하기 위해 민주주의와 대중혁명 운동의 필요성을 역설한 그녀, 로자 룩셈부르크가 후세에 남긴 불멸의 유훈을. 프라이부르크 시민들은 그 유훈을 거리에, 저마다의 가슴에 깊이 새겨두고 싶은 것이다.

라인스바일러는 포도농사 생활공동체다
독일 농민은 국가와 정부가 먹여 살린다

선진국 독일 농민들도 농사만 지어서는 먹고 살지 못한다. 농가당 연평균 농업소득이 2000만 원밖에 안 된다. 그중 50% 이상은 세금으로 나간다. 한국 농민의 수준과 크게 다를 게 없다. 그러나 한국 농민들과 독일 농민들의 생활은 차원이 다르다.

독일 농민들은 농촌을, 고향을 떠나지 않는다. 농민들이 농촌을 떠나지 않도록 기본생계를 국가에서, 정부에서 책임을 지고 있다. 어찌 보면 기본소득제나 마찬가지인 직불금 정책으로 농업 소득만큼 부족한 생활비를 보전해준다. 농민들은 책임과 의무를 다하는 그런 국가와 정부를 믿고 농촌을 잘 지키고 산다.

무엇보다 독일에는 농부들 스스로 욕심을 조절하고 규제할 수 있도록 법과 정책이 마련돼 있다. 1954년에 만들어져 60년 넘게 철저히 지켜지고 있는 녹색계획Green Plan이다. 도시보다 농촌이, 돈보다 사람이 먼저인 독일의 농업정책은 바로 이 4가지 원칙에 바탕을 두고 있다. 철칙과 같다.

첫째, 농민도 일반 국민과 동등한 소득과 풍요로운 삶의 질을 향유하며 국가 발전에 동참한다. 경쟁력 향상, 소득 증대만 추구하면 대다수 소농들의 토대는 무너지고 이농을 할 수밖에 없다.

둘째, 국민에게 질 좋고 건강한 농산물을 적정한 가격에 안정적으로 공급한다. 농산물을 과대포장해 비싸게 파는 것은 세금을 내는 국민을 배반하는 일이다.

셋째, 국제 농업과 식량문제 해결에 기여한다. 자국의 먹을거리 문제 해결은 물론, 먹는 것으로 다른 나라의 목을 조이지 않는다.

넷째, 자연과 농촌의 문화경관을 보존하며 다양한 동식물을 보호한다. 농촌의 자연, 문화 경관은 모든 국민이 즐길 권리다. 국도변, 아름다운 호숫가에는 상점도, 간판도 들어설 수 없다.

한 줄 한 줄이 다 금과옥조 같다. 그래서 농민들은 농사를 크게 짓거나 돈을 많이 벌려고 무리를 하지 않는다. 구태여 그럴 필요가 없다. 지금 2%밖에 안 남은 독일 농민들은 독일 국민의 60%가 사는 농촌을 사람이 살만한 생활공간으로 보전하고 보호하는 일에 오직 집중하면 된다. 자기의 자리만 그대로 잘 지키고 있으면 된다.

독일 농정은 '돈 버는 농업'이 아닌 '사람 사는 농촌'을 위해

이렇게 독일의 농정이 궁극의 목표로 삼는 지상과제는 그저 '사람 사는 농촌'이다. '돈 버는, 또는 돈 되는 농산업'이 아니다. 농민도 사람 꼴을 하고, 사람대접을 받으며 살 수 있는 생활농촌을 지향한다. 그 소박하지만 소중한 '농農'의 철학과 가치를 공평하고 공정하게 실천하는 데 독일 농정당국은 매진하고 있다.

물론 첨단기술농업이니 농식품 가공이니 수출농업이니 '돈도 되는' 농업전략과 정책이 없는 게 아니다. 그건 자본력과 조직력이 뛰어난 일부 기업농이 할 일이다. 대다수 중소농이 함부로 덤벼들 영역이 아니다. 평균적인 농민들은 이기적으로, 경쟁적으로, 독과점적으로 '저 혼자만 잘 먹고 잘살 수 없게', '생활에 필요한 돈 이상은 못 벌게', 유기농업이나 지역농업에 충실하게 법이나 조합의 정관으로 규정하고 있다. 그리고 농촌공동체, 농업 협업경영체Gemeinschaft 동지들 사이의 약속으로 서로가 서로를 엄중하게 단속하고 규제하고 있다.

독일 농촌에는 더 놀라운 사실도 있다. '농촌에 최소한 유지되어야 하는 인구밀도'가 헌법에 명시되어 있다. 그래서 '농민들이 농촌을 떠나지 않도록', '굳이 떠날 생각조차 들지 않도록' 정부의 공무원들은 애를 쓰고 있다. 농민들이 살고 있는 농촌의 전통과 경관을 지키려고 들판의, 나무 한 그루도 함부로 베지 않는다. 농업소득보다 많은 소득보전 직불금도 다 그런 인간적이고 사회적인 정책의 성과물이다.

그런 독일 농정의 현장에서 나는 계속 감동하고 감탄했다. 농민의 삶을 돌보고 지키려 애쓰는 이 국가의 도덕성이, 이 정부의 책임감이, 이 국민들이 품고 있는 기본적인 '인간의 도리와 양식'이 놀라웠다. 결국 신뢰, 협동, 연대 같은 철두철미한 사회적 자본의 힘이 부럽고 샘이 날 지경이었다.

그러다 불현듯 의심과 의혹이 크게 들었다. 지난날 독일 등 유럽

라인스바일러 마을에 상주하는 관광청 홍보담당자 다이엘라 되뇍 씨와 황석중 박사

의 선진 농정을 배우고 돌아와 오늘날 대한민국 농정당국의 요직을
꿰차고 있는 수많은 학자, 공무원, 전문가들이 떠올랐다. 그들은 그
동안 어디에 있었나. 대체 무엇을 했나. 지금은 무슨 생각을 하고 있
나. 도대체 독일 같은 농정 선진국의 농업, 농촌 현장에서 그들은 뭘
보고 느끼고 돌아온 건가.

　설마 독일에 가서 농업을 자본에게 헌납하는 농업의 기업화 개론
과 공업화 총론만 공부한 것인가. 삶의 터전인 농촌 마을을 한낱 유
원지 같은 구경거리로 만드는 관광지화 경영론, 공원화 개발론만 실

습하고 온 건가. 그게 아니라면 대체 우리 농업이, 우리 농촌이, 우리 농민의 삶이 도대체 왜 이 모양, 이 꼴이 되고 말았는가.

포도 하나로 일군 농촌생활공동체, 라인스바일러

지난해 5월, 조국의 농정과 농정책임자들에 대한 평소의 의심과 불신을 가득 품고 라인스바일러Leinsweiler 마을에 들어섰다. 독일 중서부 라인란트 팔츠Rheinland Pfalz주를 대표하는 명품 수제 포도와인의 명산지다. 1935년에 개통된 독일에서 가장 오래된 '포도주가도Weinstraße'의 중심부에 자리 잡고 있다.

수백 년이 넘은 중세의 전통과 문화가 살아 있는 전형적인 농촌마을의 풍광이다. 아름답고 고풍스러운 그 평화로운 농촌 마을 어귀에 서서 나는 부러움과 안타까움, 희망과 절망, 그리고 한국 농정 책임자들에 대한 원망과 분노가 교차하는 복잡미묘한 정신상태에 빠졌다.

와인으로 유명한 라인스바일러 마을은 전체 180가구 가운데 와인 농가는 16가구에 불과하다. 하지만 와인 농가가 소득을 독점하지 않는다. 와인 농가끼리만 잘 먹고 잘살지 않는다. 와이너리를 소유하지 않은 나머지 가구도 와인 시음장, 전통식당, 농가민박시설 등을 운영해 독일 평균농가 소득 이상의 농외소득을 창출하고 있다. 포도하나로 모두 함께 먹고사는 생활공동체를 이루고 있다.

그중 30여 가구에서 운영하는 농가민박은 우리 농촌체험·휴양마을의 그렇고 그런, 틀에 박힌 농박 수준을 생각하면 큰 오산이다. 개인적으로는 독일 도시에서 묵었던 그 어느 호텔들보다 더 쾌적하고

라인스바일러 마을 180농가, 400여 주민을 먹여살리는 포도밭

편안했다. 그곳에서 먹고 자는 동안 귀한 손님으로 대접받고 있다는 느낌이 들었다. 마치 유년에 시골 외갓집에 느꼈던 그런 만족감과 행복감까지 들 정도였다.

특히 내가 묵었던 퇴페라이Toepferei 농박은 그림도 그리고 도자기도 굽는 예술가가 아틀리에를 겸한 곳이었다. 가족 단위의 장기 휴양객이 주 고객이라고 한다. 우리처럼 소주에 삼겹살이나 실컷 구워 먹으려고 작정하고 오는 일회적 유흥 관광객은 없다. 일상에 지친 도시민들이 휴양과 치유를 목적으로 농촌을 찾아오는 체류형 고객이 대부분이다.

라인스바일러 마을은 농가에서 직접 재배한 포도로 농민들이 직접 만든 수제 포도주로 유명하다. 10ha가 넘는 포도밭을 경작하는 피터 스튜빙어^{Peter stubinger}씨 같이 '포도주 마이스터'들이 대를 이어 와이너리를 운영하고 있다. 와이너리마다 독특한 풍미의 와인을 경쟁하듯 만들고 있다. 중세 이래로 농가마다 대대로 이어온 고유 제조법 대로 만들어 맛과 향이 다 다르다.

독특한 풍미를 자랑하는 10여 농가의 와인은 서로 다른 상표로 출하된다. 하지만 품질은 다르지 않다. 주민들이 공동으로 설립한 조합에서 와인의 품질을 철저히 공동 관리하고 있기 때문이다. 품질과 상품성이 좋은 라인스바일러산 와인은 이제 독일 전역으로 판매되는 것은 물론 외국에 수출까지 하는 단계에 이르렀다. 만일 한국에서 사려면 몇 배는 더 지불해야할 것이라는 스튜빙어씨의 엄포에 연수단원들은 와인 몇 병씩을 다투듯 배낭에 챙겨 넣기에 바빴다.

이처럼 와인 테마 농촌관광으로 활성화된 라인스바일러 마을 안에는 관광청의 공무원이 아예 상주하고 있다. 포도주 가도를 따라 이어진 14곳의 포도주 마을연합체의 가운데 라인스바일러 마을이 자리 잡고 있기 때문이다. 그곳에서 홍보를 담당하는 공무원 다니엘라 되닉^{Daniela Doenig}씨는 '상생'이 성공의 비결이라고 설명한다.

"14개 마을의 농촌관광 농가들이 일정 금액을 내면 관광책자에도 실어주고 홍보를 관광청에서 대신해줍니다. 해마다 연합체의 14개 마을이 돌아가면서 와인 축제도 하고 있고요. 3년에 한 번씩은 농가 민박마다 평가를 해서 인증서도 부여하고요. 농가민박 대문마다 인증패가 붙어있는 걸 볼 수 있을 겁니다. 요즘 들어 포도주 농가 경영주들이 노령화되면서 농사는 못짓고 민박만 하는 경우도 많아요."

마을 한복판 네거리, 마을의 가장 중요한 공공재 마을샘물에는 1581이라는 숫자가 새겨져 있다. 1581년부터 샘물이 계속 솟고 있었

라인스바일러 마을 한복판에서 1581년부터 샘솟고 있는 마을의 공공재 샘물

다는 뜻이리라. 라인란트팔츠 지방에서 유일하게 중세 시대 건물과
거리가 남아있는 설촌역사 800년의 마을답다. 이토록 오래된 마을

의 농촌관광사업 주제는 자연스레 중세 독일의 전통과 문화를 살리는 프로그램이 되었다. 전통 와인과 전통 음식이 풍기는 중세와 현대의 역사적 조화를 체험하러 찾아오는 관광객은 연간 10만여 명에 달한다.

모두가 조금씩 농부인 '농부의 나라' 독일

"독일에 유기농Bio 바람이 불기 시작한 것은 1970년대부터죠. 1990년 독일 통일 이후 유기농업이 더욱 빠르게 확산됐어요. 독일 국민들은 가격이 비싸지만 직접 농가를 찾아가 유기농산물을 구입해 먹었어요. 그러면서 자연과 환경을 생각했죠. 또 독일 등 유럽의 공무원들은 '농업은 국가와 국민을 위해 필요한 것'이라는 기본 이념이 투철해요. 국민들의 먹을거리를 농민들이 얼마나 잘 친환경적으로 생산해 내는지 늘 감시하는 역할도 맡고 있어요. 매년 5%씩 무작위로 토양검정을 실시해 친환경농법으로 농사를 짓지 않는 농민이 있다면 형사처벌을 하고 그동안 정부로부터 지원을 받은 돈은 모두 환수할 정도로 엄격합니다."

농촌진흥청에서 초지사료 과장을 지냈던 연수지도교수 황석중 박사는 독일은 먹을거리로 장난을 칠 수 없는 사회라고 강조한다. 독일 농정의 성공이 생산자인 농민뿐 아니라 소비자인 독일 국민의 의식과 실천에 크게 힘입었다는 것이다. 그리고 소비자인 도시민과 상생하는 협동과 연대의 전략이 없이는 농민 혼자 아무리 농사를 열심히 지어도 먹고 살 수 없다는 것이다.

"독일에는 라인스바일러 마을이 놓인 포도주 가도처럼 80여 개가 넘는 관광 가도가 있어요. 관광 가도가 스치는 작은 농촌 마을 안에도 수백 년이 넘은 중세의 건축물과 거리가 보존되어 있어요. 대부분의 농촌 마을이 '동화 속 풍경 같다'는 감탄을 자아냅니다. 푸른 숲과 초지, 자연과 전통을 지키려는 생태적 마을 가꾸기의 결과입니다. 심지어 지붕의 각도, 벽의 색깔 등 모든 것을 나라에서 법으로 정해 놨어요. 독일의 오랜 전통, 아름다운 문화경관을 볼 수 있도록 농가주택 외부는 마음대로 고칠 수도 없어요."

한 번 더 되풀이한다. 아니 열 번, 백번도 더 되뇌이고 싶다. 머리가 아닌 가슴에 굵고 깊게 문신처럼 새기려고 한다. 60년 전 독일이 정해놓고 변함없이 그대로 실천하고 있는 4가지 농업정책을. 더도 덜도 말고 딱 이 만큼만, 모두가 조금씩 농부인 '농부의 나라' 독일이 하는 것만큼만 우리도 하자.

하나, 농민도 일반 국민과 동등한 삶의 질을 누리게 하자.

둘, 농민들은 농산물과 농식품을 적정한 값에 국민들에게 팔고, 국민들은 농민이 수고한 만큼 보상을 하고 구입해주자. 그렇게 농민들은 국민들의 생명을 위하고, 국민들은 농민들의 생활을 보살피자.

셋, 먹을거리를 무기로 다른 나라의 목을 조이지 말자. 아니면 다른 나라도 우리의 숨통을 조이려 들 것이다.

넷, 착한 농업, 정의로운 농업으로 조상에게 물려받고 후손에게 빌려 쓰고 있는 우리 자연과 문화와 경관을 지켜내자. 더도 덜도 말고, ICT융복합농업이나 스마트농업을 하기 전에 우선 이 정도만이라도 먼저 하자, 제발.

오스트리아

잘츠부르크에서는 아무나 농부가 될 수 없다
잘츠부르크의 농부자격증이 국민의 먹을거리를 책임진다

독일이나 오스트리아에서는 아무나 농민이 될 수 없다. 농사를 짓고 싶다고 무작정 농사를 지을 수 없다는 말이다. 일단 농민으로 인정받으려면 자기 수입의 절반 이상은 농업에서 벌어야 한다. 만일 그 기준대로 하자면 우리나라의 평균 농민은 사실상 농민이 아니다. 우리 농민들의 연평균 농업소득은 농가소득의 30%도 채 되지 않는다. 그러니까 250만여 명의 우리 농민 가운데 농업소득 50% 이상의 농민다운 농민은 과연 몇 명이나 될까.

농사 일에 투여하는 농업 노동 시간도 50% 이상은 되어야 한다. 우리나라의 평균 농민들은 먹고 살려니 농업소득 2배 이상의 농외소득은 벌어야 한다. 농지를 벗어나 동분서주 품을 팔며 돌아다녀야 한다. 자기 농사에 투자할 수 있는 노동시간이 50%가 채 안 되는 경우가 적지 않을 것은 자명하다.

여기서 가장 중요한 건 바로 농민자격증이다. 독일이나 오스트리아에서 농사를 지으려면 일단 농민자격증을 보유해야 한다. 우리의 농지원부나 농업경영체등록증 정도로 만만히 취득할 수 있는 게 아니다. 그저 농업기술센터 농업인대학에 놀듯이 몇 달 적당히 출석하며 얻는 수료증 같은 게 아니다.

농부가 되려면 정식으로 농업전문학교를 입학해 졸업해야 한다. 그리고도 농업현장에서 수년간 실습을 마친 후 농부 고시에 합격해야 한다. 그래야 비로소 농민자격증을 받을 수 있다. 농부로, 농민으로 불릴 수 있다. 말하자면 농민에게는 개업허가증이나 자랑스러운 훈장 같은 것이다.

"왜 농민자격증이 필요할까요. 사람에게 가장 중요한 건 바로 먹는 겁니다. 농민의 안전한 먹을거리를 국민에게 제공해야 하는 사명이 있어요. 심지어 독일에서는 농약도 처방이 있어야 살 수 있어요. 이렇게 중요한, 국민의 먹을거리를 아무나, 함부로 생산해도 될까요. 안 되지요. 그래서 독일에서는 농민자격증이 있는 사람만 국민의 먹을거리를 농사지을 수 있어요."

독일 농민은 65세면 은퇴하고 편히 쉰다

대산농촌재단 독일·오스트리아 농촌공동체 연수단을 따라다니는 동안 황석중 지도교수의 독일 농민예찬론은 끊이지 않았다. 어쩔 땐 너무 꿈같은 이야기로만 들려 사실인지, 진실인지 긴가민가할 때도 있었다. 하지만 연수를 마치고 나니, 그 현장을 직접 목격하고 나니 그게 다 진심에서 우러나오는 진실임을 알겠다.

농민자격증을 딴 선택받은 2%의 농부가 국민의 먹을거리를 책임지는 독일 농민의 자긍심은 말도 못할 정도로 높다.

"독일에서는 농민도 65세가 되면 은퇴합니다. 일하지 않아도 노후를 편하게 보낼 수 있을 정도로 연금이 충분히 나오니 더 이상 농사를 안 지어도 되죠. 그리고 자식에게 농업의 가업을 물려줍니다. 이 나라에서는 자식이 농사를 물려받는 걸 큰 자랑으로 여깁니다.

물론 독일에서도 농사는 쉬운 직업이 아닙니다. 우리처럼 '뼈골 빠지는 일'로 표현하곤 합니다. 그렇게 힘든 일이 농업이지만 독일의 농부들은 자부심과 자긍심을 잃지 않습니다. 농업과 농촌을 위하는 사회적 동의와 국민적 공감, 그에 따른 정부의 정책적 지원이 독일 농부의 생활을 지켜주기 때문입니다. 그래서 농촌을 떠나지 않을 수 있고, 자식에게 기꺼이 농사를 물려줄 수 있는 거지요."

역시 지구 밖에 가상으로 존재하는 다른 세상이나 영화 같은 이야기처럼 들린다. 우리나라는 농가 경영주 열 명 중 네 명이 70세가 넘는다. 열 명 중 일곱 명은 환갑이 넘었다. 농부들의 평균연령은 66.5세에 달한다. 즉, 우리 농가를 경영하는, 농부의 표준형은 늙고 병든 노인이다.

65세가 되어도 감히 은퇴할 수 없다. 쉬고 싶어도 쉴 수 없다. 아침에 눈을 뜨면 습관적으로 논밭으로 나간다. 고단하고 지친 육신을 소처럼 들판으로 내몬다. 농사를 물려받으려는 자식도 없고 자식에게 천형 같은 농사를 물려줄 생각도 없다. 노후를 지켜줄 연금은 턱없이 부족하다. 국가도 정부도 늙은 농부를 챙기지는 않는다. 농부는 국민의 먹을거리를 챙기지만 정부도, 국민도 농부의 삶은 돌보지 않는다. 아무도 걱정하지 않는다.

요셉 클라우스호퍼 농장주 부부가 꾸려가는 가족 농장

잘츠부르크에서 농부는 아무나 하는 게 아니다

꿈처럼, 거짓말처럼 들리던 황석중 지도교수의 독일, 오스트리아 농정 예찬은 모두가 사실로 판명되었다. 처음 들었을 때는 우리의 현실과 너무 달라 좀 과장된 게 아닌가 다소 의아스러웠지만 곧 믿지 않을 수 없었다. '소금과 음악의 도시', 잘츠부르크의 파이스테나우Faistenau 지방의 홀러 농축산물 가공 직판농장, '알프스 소녀 하이디'가 튀어나올 듯한 티롤 지방 미에밍Mieming 마을의 디스마스 특산 훈제생햄 맛인증 농가에서 움직일 수 없는 명백한 물증과 증언을 내 눈과 귀로 직접 보고 들었기 때문이다.

홀러 농축산물 가공 직판농장의 요셉 클라우스호퍼 농장주와 그가 설계한 양봉장

홀러 농장은 요셉 클라우스호퍼Joseph Klaushofer 농장주 부부가 꾸려가는 가족농장이다. 부부가 공동경영하는 농축산물 직판농가로 규정할 수 있다. 겉모습이나 외형적 성과로만 보면 평범해 보인다. 약 7ha의 농지에 낙농, 양계, 양봉 등을 영위하는 평균적인 오스트리아 농가의 모습이다. 하지만 오스트리아 최고의 6차 산업형 농가로 단연 손꼽힌다.

농사 규모는 닭 50마리, 젖소 7마리, 그리고 벌을 키우는 게 전부다. 그런데 젖소 70마리를 기르는 다른 농가보다 소득이 높다. 비결은 농식품가공 등 6차산업으로 부가가치를 높였기 때문이다. 소농으로 살아남기 위해 다양한 농식품 가공품을 개발해 100% 직판으로 판매한 전략이 주효했다. 근본적으로 일반적인 농가와 콘텐츠와 프로그램이 다른 특별한 농가로 스스로 자리매김을 했다

마케팅 전략은 '입소문'이었다. 상품의 질이 좋으니 재구매, 단골고객이 자연스레 이어졌다. 일단 하루에 200리터 생산하는 우유는 전량 치즈로 가공한다. kg당 12유로 정도로 판매할 수 있는 9~10kg의 치즈를 생산한다. 큰돈은 아니지만 생활에 보탬이 되는 수입이다.

이렇게 1차 농산물을 생산하는 농업 소득만으로는 한계가 있어 제빵, 치즈 유가공, 햄류 육가공, 양봉 등 2차 농식품가공업을 병행하는 생존전략을 구사하고 있다. 심지어 남편인 요셉 씨는 겨울철 농한기에도 쉬지 않는다. 스스로 설계, 제작하는 양봉틀, 가구 등 목공제품을 제작해 판매하기도 한다. 농장주 요셉 씨는 농장 안내를 하는 동안 입버릇처럼 되풀이해 힘을 주어 강조했다. 마치 자기 자신에게 주문을 거는 것처럼.

"농촌에서 살아남기 위해서는 여러 가지 버틸 수 있는 다리를 찾아야 한다"고.

교육은 자기 돈을 내가며, 스스로 찾아다니며

부인 브리기타 씨도 부지런하기는 남편 요셉 씨를 능가한다. 홀러 농장의 가공품 개발을 전담하는 연구원이자 공장장 역할을 맡고 있다. 어쩌면 남편보다 더 중요한 책임을 맡고 있는 셈이다. 그래서 새로운 가공식품 연구와 개발을 위해 쉬지 않고 교육을 받고 인증을 받으러 다닌다. 그동안 50여 가지의 가공품을 개발했다. 그것도 정부의 지원은커녕 자기 돈과 시간을 투자해가면서.

오스트리아에서는 일단 농가에서 가공품을 만들려고 하면 농업회의소에서 교육부터 받아야 한다. 가공시설도 식품검사국의 교육과정과 위생검사를 통과해야 한다. 가공품에 생산 이력을 정확하게 표기해야 하는 건 물론이다. 보통 교육시간은 400시간, 교육비는 500만 원이나 된다. 이때 교육비는 전적으로 자부담이다.

교육을 마치면 동화 속 요술할머니가 타고 다니는 마법의 빗자루를 인증서처럼 수여한다. 마법 같은 솜씨를 발휘해 훌륭한 제품을 만들 수 있는 사람으로 인정한다는 징표라 하다. 홀러 농가는 빗자루를 사람들이 들고나는 정문에 자랑스럽게 걸어놓고 있다.

빗자루 옆에는 온갖 상장과 금메달이 주렁주렁 매달려 있다. 그동안 부부가 노력한 대가가 이런저런 상으로 돌아왔다. 그중에서도 오스트리아 치즈 가공 경연대회에서 최고의 지역농특산물에게 주어지는 '맛의 왕관Gueness Krone' 최고상은 자랑스러운 상이다. 그것도 여러 차례 수상했다. 요셉 씨가 농민 마이스터로서의 자부심과 긍지가 대단할 수밖에 없다.

홀러 농장을 방문하고 나서 죽비를 세게 맞은 듯 거듭 깨달았다. 농사든, 농업이든, 농산업이든 아무나 해서는 안 된다는 냉철한 현실

오스트리아 최고 지역특산품 인증 '게누스 그로네'

인식과 각성이다. 오스트리아 정부와 국민들이 농업에 임하는 철학
과 자세는 우리나라와 차원이 다르다. 농업과 농촌의 가치를 지켜낼

각오가 서 있는 자만이 농사를 지어야 한다는 것이다. 농부자격증이 있는 농사의 장인^{마이스터}들만이 국민의 먹을거리를 제대로 책임질 수 있다는 것이다.

티롤에서는 농사의 장인^{농업마이스터}이 농사를 짓는다

오스트리아 티롤 지방에도 장인 같은 농부들이 도처에 포진하고 있다. 디스마스^{Dismas} 훈제생햄 맛 인증 농가도 그중 한곳이다. 오스트리아 티롤 지방, 알프스 산록이 지척에 바라보이는 해발 840m의 고지대에 자리잡은 미에밍 마을의 전형적인 가족농이다.

20ha의 농장을 운영하는 농장주 마틴 알버^{Martin Alber} 씨는 직접 사육한 60여 마리의 돼지로 티롤 지방 전통방식의 수제 육가공품을 제조, 직판하고 있다. 1990년대 들어 농가 직판을 시작하고 2000년에 비로소 농가에 자가도축장, 부분육 처리실 등을 마련해 훈제생햄 등을 육가공품을 자체 생산하고 있다.

매주 화요일과 금요일 오후 4시간씩만 직접 농가를 찾아오는 방문객들에 한해 제한적으로 직판하고 있다. 시장이나 마트에 나가서 팔면 더 팔려서 돈을 더 벌 수 있지 않느냐고 물어봤다. "더 팔 필요가 없어요. 이 정도만 해도 먹고 살 수 있는데요"라는 대답이 돌아왔다.

주력 제품인 훈제 베이컨, 훈제 소시지는 일반 대규모 햄 공장에서 만드는 것과 차원과 품격이 다르다. 하루에 5시간 훈증하고 문을 열어 환기하는 방식의 생산과정을 2주 내내, 매일 반복한다. 훈증을 하는 연료는 너도밤나무만 이용해 훈증실의 온도를 25℃로 일정하

디스마스 훈제생햄 맛인증 농가의 마틴 알버 농장주

게 유지해야 한다. 일반 햄 공장에서는 2~3일 훈증에 그친 제품을 시장에 내다 판다.

이렇게 작품을 만들듯 생산한 훈제생햄은 오스트리아 최고 인증 지역농특산물에게 주어지는 '맛의 왕관'을 수차례 수상할 정도로 품질을 인정받고 있다. 기업농도 아닌 일개 가족농 처지에 4성급 이상의 오스트리아 최고 수준의 호텔에 납품할 정도다.

농장주 마틴 알버 씨는 농업전문학교를 졸업한 육가공 분야 마이스터다. 마이스터는 농업학교에서 학생들을 가르칠 자격이 부여된다. 마이스터가 되려면 전문 기술은 물론, 교육자적 자질, 인성 등 3가지 조건을 필수적으로 갖추고 있어야 한다. 농부도 아무나 될 수없고, 마이스터는 더욱더 아무나 될 수 없다.

마틴 씨는 자체적으로 연구하고 개발한 육가공 기술과 노하우를보유하고 있다. 이게 바로 디스마스 농가의 경쟁력이다. 이런 경쟁력

디스마스 훈제생햄 맛인증 농가의 마틴 앨버 농장주와 훈제실

과 공신력을 바탕으로 직판 등을 통해 전업농으로서 농가자립경영의 기반을 갖추고 있다.

농장주 마틴 씨의 아들 역시 가업을 잇기 위해 농업전문학교를 졸업했다. 정규학교 과정 이외에도 농업마이스터시험, 티롤 농업회의소의 육가공, 마케팅 등 정기보수교육과정 등을 이수한 어엿한 농부자격증 소지자다. 30여년 전 아버지가 할아버지에게 낙농업을 물려받았듯이, 아버지 마틴 씨로부터 농사라는 가업을 이어 받는 것이 당연하다는듯 전문 농업인의 길을 따라가고 있다.

잘츠부르크의 홀러 농장과 티롤의 디스마스 농장을 방문하고 나서 불현듯 정책아이디어가 떠올랐다. '청장년 전문 공익농민들을 육성하는 농업전문학교'. 이를테면 홍성에 있는 풀무농업고등기술학교 같은 교육기관을 적어도 우리 농촌 지역의 기초지자체마다 한곳 씩만 개설한다면 하는. 그러면 그 지점에서부터 우리 농업과 농촌의 살 길이, 숨통이 좀 열릴 수 있지 않을까 하는.

티롤의 농촌관광은 서로 돕는 협동조합형이다
티롤의 소농은 알프스 대자연이 먹여살린다

오스트리아 티롤^{Tirol} 지방은 90%가 산악지형이다. 알프스 동쪽의 '산의 나라'로 불리울 정도다. 그래서 무주군민 처지인 내게는 한국의 무주, 또는 무진장^{무주·진안·장수} 지역을 연상시킨다. 그래서 그런지 개인적으로 초행길임에도 풍광이 그리 낯설지 않다. 살고 있는 무주의 눈 쌓인 겨울철 지형도 그와 유사하기 때문이다.

결정적으로 덕유산 리조트에 가면 마치 티롤 지방 같은 풍광을 마주칠 수도 있다. 오스트리아 건축가가 티롤 풍으로 설계한 티롤호텔이 그곳에서 영업을 하고 있다. '강의 다리'라는 뜻의 티롤 주의 주도 인스브루크^{Innsbruck}의 경제나 산업도 무주와 크게 다를 바 없다. 다만 규모와 차원이 다를 뿐이다.

자연이 선물한 천혜의 알프스 풍경을 지역의 자원으로 삼고 있으

마리아 테레지아 거리 황금지붕

니 당연히 가장 큰 수입원은 관광산업이다. 연간 숙박관광객만 100
만 명 이상이 다녀간다고 한다. 유럽인들에게도 인기다. 서유럽 최고의 동계 스포츠 관광지로 유명하다. 동계올림픽을 두 차례나 열었을 정도다. 인스부르크는 가히 무주의 롤모델이 될만하다. 그러나 아직 희망 사항이다. 단순비교는 무의미하거나 불가능하다.

인스부르크의 중심 시가지는 여느 유럽의 도심과 다르지 않다. 역시 수백 년 묵은 중세의 거리를 타임머신을 타고 걷는듯하다. 그런데 800년이 넘었다는 고건축물들은 박물관 속 유물처럼 박제화되어 있지 않다. 오늘날 현실의 인스부르크 시민들의 생활 속에서 살아 숨 쉰다.

기둥, 벽체 등 주골조를 구성하는 고풍스런 빙퇴석氷堆石, Moraine 기둥과 벽체는 알프스 원산이다. 알프스 자연의 기품과 중세 역사의 무게가 동시에 빛을 발한다. 돌덩이 하나하나가 그대로 역사적인 유물이자 인류 문화유산이다. 빙퇴석의 거칠고 투박한 질감과 색상이 현대의 콘트리트 철구조물과 오묘한 조화를 이루며 쇼핑가와 식당가의 풍광을 지배하고 있다. 그대로 의도된듯한 포스트모더니즘 예술 조형물이다.

단연 인스부르트 최고의 명소, 마리아 테레지아 거리의 황금 지붕 Goldenes Dach 앞에는 관광객들이 몰려있다. 구시가지 후기 고딕양식 건물의 발코니 지붕을 온통 황금이 뒤덮고 있는 모습이 압도적이다. 모두 2,738개의 도금된 동판으로 이루어졌다고 한다. 건물은 1420년 티롤 군주의 성이었다. 1497년 황제 막시밀리안 1세Maximilian I가 광장 행사를 관람하려고 황금지붕을 얹은 발코니를 만들었다.

황금지붕 만큼 화려한 오스트리아 보석 브랜드 스와로브스키 Swarovski 매장도 그냥 지나칠 수 없다. 건물의 주 골조를 이루고 있는 수백 년 된 빙퇴석과 휘황찬란한 빛을 발하는 크리스탈 보석의 조화는 신비롭기까지 하다. 무엇보다 매장 점원들이 거의 중국인으로 구

오스트리아 보석 브랜드 스와로브스키 매장

성돼있는 점이 유럽의 한복판인지라 오히려 이색적이다. 주 고객인 중국인 단체관광객들이 매장의 매출실적을 좌우하기 때문이다. 거의 보석을 '싹쓸이'해가는 수준이라고 한다.

티롤의 알프스 주민들은 농촌관광으로 먹고산다

겨울은 물론 여름에도 티롤에는 관광객들의 발길이 끊이지 않는다. 해발 3000m가 넘는 곳에서는 여름에도 스키를 즐길 수 있기 때문이다. 이렇게 여름이나 겨울이나 휴가를 즐기러 오는 알프스를 찾는 관광객들 덕분에 90%가 산지인 티롤 산촌의 농민들도 먹고살 수 있다. 농사를 지을 땅은 없지만 천혜의 자연환경이 있어 먹고 사는 걱정이 크지 않다.

티롤의 산촌마을들은 농가를 개량한 농박과 식당에서 주로 스키를 타러 오는 관광객들을 맞이한다. 군이 농가를 찾아 잠을 자고 밥을 먹는 휴양형 손님들 때문에 농업소득보다 많은 농외소득이 창출된다. 농가의 겉모습은 작지만 마치 무주리조트의 티롤호텔처럼 아름답고 정갈하다.

농박을 운영하는 티롤 지역 주민들은 서로 경쟁하지 않는다. 협동하고 연대한다. 상생한다. 마을 단위로 자발적으로 관광협회를 구성하고 운영한다. 관광객 1인당 0.2~0.5유로의 회비를 내서 협회 사무실의 공동 운영비로 마련한다. 마을 중앙에 자리 잡은 협회에서는 그 돈으로 숙박예약 시스템도 개발하고 관광정보도 제공한다. 홍보, 마케팅을 위해 행사, 이벤트도 수시로 연다. 개별 농가들 혼자서는 하기 어려운 일을 모두 힘을 모아 스스로 해낸다.

농촌관광으로 먹고사는 티롤 산촌 주민들에게는 절대 어기지 않는 철칙이 있다. 스스로 살고 있는 마을의 자연경관은 훼손하거나 파괴하지 않는다. 사유재산이지만 자기가 사는 건축물의 외관, 간판 등도 제 마음대로 함부로 고칠 수 없다. 주위 환경과 조화를 이루어야 한다고 서로, 그리고 정부와 약속했기 때문이다. 그렇게 지켜낸 자연환경과 농촌 경관은 한마디로 '달력 속의 그림' 같다. 그 생생한 실물은 람자우Ramsau에 가면 확인할 수 있다.

'고요한 밤, 거룩한 밤'의 작사자이자 시인인 요셉 수사가 머물렀다는 산촌마을의 작은 시골 성당, 그리고 성당을 둘러싼 공원 같은 묘지, 알프스 자락의 빙하기 녹아 흐르는 시냇물, 맑은 샘물이 끊임없이 솟아 나오는 작은 우물. 우물 곁에는 '목마른 사슴이 샘물을 갈구하듯 오, 주여! 나는 당신을 갈구하나이다'라는 성경 구절이 적혀 있다. 이 그림 같은 장면을 그리기 위해 그림을 배우는 유럽의 미술학도들은 필히 거쳐 가는 현장 스케치 코스가 되었다고 한다.

이렇게 아름다운 티롤의 알프스 산촌 농박에서는 바가지요금 같은 불공정한 상행위는 있을 수 없다. 친절하지 않을 수 없고 청결하지 않을 수 없다. 농촌관광 공동운명체로 묶여진 주민들은 이제 3~4대를 이어 농촌관광사업을 하면서 사업 노하우도 쌓이고 단골고객도 많아졌다. 단골 가운데 자주 만나다 정이 들어 가족처럼 지내는 경도도 적지 않다. 안정기에 이미 접어들었다. 농촌관광으로 능히 먹고살 수 있다.

아침마다 농박에서 신선한 로컬푸드 치즈와 빵을

티롤의 농박 운영은 전형적인 B&B^{Bed and Breakfast} 방식이다. '아침 식사가 딸린 숙박'을 의미한다. 아침마다 투숙객들은 농박 안의 식당에 모여들어 갓 구운 빵과 신선한 우유, 그리고 가공한 치즈와 햄을 뷔페식처럼 무한정 즐길 수 있다. 지역에서 생산된 신선한 과일과 채소 등 로컬푸드는 기본이다. 단, 아침 말고는 나가서 사 먹어야 한다. 지역 다른 식당과 공생해야 하기 때문이다.

치즈는 티롤 지역 농민들이 공동으로 운영하는 치즈 공방에서 공급받는다. 빌더 케제^{Wilder Kaser} 치즈 공방도 그 중 한 곳이다. EU의 지원을 받아 티롤 지방 전통 가옥을 치즈공방으로 개조해 사용하고 있다. 티롤 지방의 30여 지역 농가들이 협력해서 공동으로 설립, 운

30여 농가가 공동으로 운영하는 빌더케제 티롤 특산 치즈공방

영하고 있다. 일종의 협동조합 형태의 티롤 특산 치즈 테마 복합체 험관이라 할 수 있다.

빌더 케제 공방의 원재료는 3만ha의 광활한 초지에 자연순환 축산농법으로 방목하는 1만 3000여 마리의 젖소에서 나온다. 알프스 자락 고산지대에서 120여 일 동안 100% 그 땅에서 자란 목초를 먹고 자란 젖소가 생산한 우유로만 치즈를 생산한다. 대표 상품 '알펜-벨치케제'는 역시 오스트리아 치즈경진대회에서 최고상을 받은 명품 치즈다. 치즈마이스터가 직접 가공장을 맡아 매일 생산한다. 생산한 가공품은 직판장에 찾아오는 내방객들에게 직거래로 판매한다.

이렇게 유럽의 농촌관광은 가족농을 중심으로 지역 순환농업 체계를 바탕으로 전문 장인에 의한 고도의 품질관리시스템이 작동되는 수준이다. 티롤의 산촌마을은 물론 평야 지역인 독일 넷셀방 Nesselwanger의 바벨 농가Berghof Babel 농가도 그런 선진 시스템으로 운영되는 대표적인 농촌관광 성공사례로 모자람이 없다.

농촌관광, 농촌 마을 만들기, 티롤에서 다시 배우자

독일의 바벨농가는 온 가족이 참여해 부모와 3형제가 각각 역할을 적정하게 분담하는 전형적인 가농농이다. 농업마이스터인 장남은 농장, 차남은 농가레스토랑, 삼남은 치즈마이스터로 치즈 가공을 맡고 있다. 특징적인 건 가족농치고는 투숙객 70명을 한 번에 수용할 정도로 규모화되었다는 점이다. 그래서 침대 8개의 농가 허용 면세범위를 넘어서 일반 농박이 아니라 민박업으로 허가를 받았다.

실내수영장, 스파 시설, 승마장, 산악자전거코스까지 갖추고 있어

독일의 바벨 관광농가

웬만한 전문 휴양리조트 못지않다. 우리로 치면 대형 관광농원 정도
의 사업 규모와 범위로 보인다. 특히 인상적인 시설은 아이들은 위
한 놀이공간이다. 실내 모래놀이터, 토끼장 등 자연친화적인 어린이
놀이 공간이 완비되어 있어 아이를 동반한 가족 단위 관광객들이 많
이 찾는다고 한다.

유럽에서 이러한 농촌관광의 모델과 시스템을 배운 일본도 농촌
관광을 잘하고 있다고 한다. 우리도 지난 십수 년 동안 유럽와 일본
의 선진사례를 열심히 배웠다. 심지어 '농촌 마을 만들기는 곧 농촌
관광지 만들기'라는 구호까지 내걸고 농촌관광에 농정예산 투자를
집중했다.

그런데 뭔가 크게 잘못됐다. 지금 전국 마을마다 유휴시설로 전

락한 을씨년스럽고 공허한 체험장, 가공장, 직판장이 넘쳐난다. 행정, 주민, 전문가 가운데 누구의 책임이 더 큰지 굳이 따지는 건 무의미거나 불필요하다. 그럴 시간이 없다.

단지 대체 무엇이, 어디에서부터 잘못되었는지는 철저히 되짚어봐야 한다. 오류와 시행착오는 이미 충분하다. 우리 모두 다시 공부를 시작할 필요가 있다. 티롤의 농산촌마을에서, 그 생생한 현장에서 농촌관광, 농촌 마을 만들기, 마을공동체의 기본적인 개념과 목적부터 다시 배울 필요가 있다.

다행히 자연과 사람이 하나 되어, 자연과 사람이, 사람과 사람이 서로 상생하면서 농촌관광으로, 마을공동체사업으로 먹고 살 수 있는 방법은 알프스 산촌마을마다, 골짜기마다 발견할 수 있다. 바로 그 지점에서부터 우리 무진장 산골 마을의 미래는 다시 시작할 수 있을 것이다.

슈바츠에서는 농민끼리 협동하며 자치한다
생산자조합, 농민시장, 농업회의소의 주인은 농민이다

지금 우리 농촌 들판에는 난데없이 6차산업화의 깃발이 나부끼고 있다. 바로 그곳에서 우리 농업의 돌파구가 열린다며 정부는 강변한다. 그러나 6차산업화의 현장을 가만히 들여다보면 기대보다 걱정이 먼저 보인다. 그곳에 농민은 없고 자본과 기업만 우뚝하다. 농업은 잘 안 보이고 공업과 서비스업만 무성하다.

그렇게 1차 산업인 농산물 재배는 없고 2차 산업 농식품 제조와 3차 산업인 농촌관광과 유통 서비스만 있으니, 1곱하기 2곱하기 3을 해서 6차산업은 고사하고, 0 곱하기 2곱하기 3을 하니 도로 0차 산업의 꼴이 된다. 2차와 3차를 아무리 열심히 해도 6차산업의 출발지점이자 바탕이 되어야할 1차 산업이 비어있거나 모자라면 아무 소용이 없다. 그런 위장 6차산업은 마치 공염불이나 신기루처럼 여겨진다.

　정부의 느닷없는 6차산업 드라이브 정책에 6차의 의미와 의도를 잘 알 수 없는 농민들은 불안하기만 하다. 입을 모아 불신과 우려의 목소리를 감추지 못 한다. "농촌의 모든 유·무형의 자원을 제조·가공해 유통·판매·문화·체험·관광서비스와 연계해 부가가치를 창출한다"는 6차 산업에 대한 정의가 그저 막연하고 막막하다며 한숨을 쉰다.

　무엇보다 '공동체 농업과 농촌공동체' 방식을 '농정의 정도'로 알고 살아온 우리 농민들의 눈에는 왠지 옳고 바른길이 아닌 것처럼 보인다. 들으면 들을수록 나는 할 수 없는 남의 일처럼 들린다. 자본력과 기술력을 앞세운 기업농을 내세운 6차산업화는 대다수의 소농, 가족농에게는 그림의 떡처럼 다가온다.

　참여하고 싶어도 대다수에게 문턱이 높은 정책은 좋은 정책이라 할 수 없을 것이다. 모름지기 올바른 정책이라면 자본도 모자라고 기술도 부족한 소농일지라도 얼마든지 참여할 수 있어야 한다. 그래야 비로소 정부가 좋아하는 표현대로 정책의 효과를 극대화할 수 있을 것이다. 일부 가진 자만 독과점할 수밖에 없는 정책은 정책이 아니고 어쩌면 특혜로 오해되기 십상이다.

　그래서 6차산업화든 융복합산업이든 대농이나 기업농이 아니라 중소농이 중심이 되어야 한다. 그리고 마땅히 마을과 지역사회 공동체를 사업의 기반으로 해야 한다. 거기에 사업을 추진하고 지원할 농민이 주도하는 전문적이고 도덕적인 농업회의소 같은 중간지원조직이 필요하다. 결코 어려운 일이 아니다. 비현실적 주장이 아니다. 독일에서는, 오스트리아에서는 이미 선진 농업경영체의 최적 모델로 자리 잡고 있다.

1500여 명의 농민생산자들이 만든 협동경영체 슈베비쉬 할 생산자조합

1500 농민들의 협동연대 경영체, 슈베뷔쉬 할 생산자조합

'할'이라 불리는 슈베비쉬 할Schwabiseh Hall은 독일 바덴-비텐베르크주의 작은 목가적 도시다. 인구는 3만 6000명밖에 안 된다. 그럼에도 독일의 중요한 경제 중심지 가운데 한 곳으로 평가된다 경제는 주로 무역, 서비스에 집중돼 있다.

하지만 '할' 지역은 호엔로에Hohenlohe마을의 유기농업만으로도 충분히 유명하다. 그 유기농 식재료로 만든 맛난 음식은 나라 안팎의 관광객들을 지속적으로 호객하고 있다. 그 중심에 슈베비쉬 할 생산자조합Gemeinschaft이 있다. 조합의 기술지도사로 일하는 나드하 레온하드

씨는 조합이 이룬 역사에 대한 자부심이 대단했다.

"조합의 설립 목적 자체부터 지속가능한 농업으로 삼았어요. 농업의 규모화나 기업화가 아니었어요. 1980년대 멸종위기의 재래종 돼지를 할 지방의 특산돼지를 되살리면서 조합의 역사가 시작됐어요. 1986년 설립 당시 불과 8명의 조합원으로 출발했는데 지금은 1500명 가까운 조합원이 모였어요. 연간 1억 200만 유로^{약 1400억 원}의 매출도 올리고 있고요.

조합의 회장은 설립 이래 연임하며 조합의 경영을 책임져 오늘날의 성과를 이루는 데 중요한 역할을 했어요. 어떤 조직이든 지도자가 중요하죠. 그리고 거기에 조합원들이 서로 협동하고 연대하는 힘이 결합되었죠. 또 지역사회를 기반으로 지역에 기여하는 사업철학과 전략도 변치 않았어요. 전통돼지 한 품목이 성공하면서 지역 전체의 경기가 살아났죠. 조합은 지역의 관광업체와 협력해 지역관광산업을 촉진하는 역할까지 하고 있어요."

슈베비쉬 할 생산자조합의 역사는 돼지육종협회에서 출발한다. 1988년에 생산자조합을 결성하고 1992년에는 상장된 주식회사도 따로 설립하며 성장을 거듭한다. 조합과 별도로 공장의 운영주체인 주식회사를 굳이 따로 설립한 이유는, 생산자조합에서 고기를 수매해주면 세금 문제가 원활히 해결되기 때문이다.

특히 자체 도축장, 소시지 가공장, 농민시장 등 1차 생산에서 2차 가공, 3차 직거래 유통에 이르는 이른바 6차산업화 과정을 내부 계열화했다. 이로써 지역뿐 아니라 독일 전역을 대상으로 농식품을 판매하게 되면서 안정경영의 발판을 마련했다. 지역직판장뿐 아니라 독일의 고급호텔, 유명레스토랑, 기업체 식자재, 루프트한자 기내식 등 최우량 식자재로 대우받고 있다.

4000종 이상의 로컬푸드를 직판하는 호헨로에 농민시장

4000여 종 로컬푸드 복합 직판장, 호헨로에 농민시장

이같은 베비쉬 할 생산자조합의 경쟁력은 품질에서 나온다. 조합에 고용된 전문 기술지도사들이 수시로 생산자를 컨설팅하며 품질을 상향 평준화시켰다. 유럽연합 최고 등급의 유기농 인증서 '외코테스트Oekotest'를 비롯해 Non-GMO 인증, 국제 표준규격, 독일 농민협회DLG 골드라벨 인증 등 다양한 인증서가 조합 생산품의 품질과 진정성을 보증하고 있다.

원산지 스페인처럼 도토리만 먹여서 키운 이베리코 돼지로 하몽Jamon, 염장 건조 생햄을 생산하기도 한다. EU의 지역특산물로 인정받은 암컷 슈베비쉬 헬리쉬 슈바인종과 수컷인 피에트램종을 교배한 돼지도 특별하다. 소시지 내용물은 당연히 지역농산물을 원재료로 한다. 지역에서 생산하지 않는 양념류는 루마니아, 인도 등의 생산지에서 현장 기술지도를 받아 생산한 것만 공수해 사용한다. 인산염 등은 유해 식품첨가물은 사용하지 않는다.

이러한 성과는 다른 지역이나 조합에서 흉내 낼 수 없는 차별화된 생산·가공 전략, 그리고 개발기술이 있어서 가능하다. 우리의 농식품부에 해당하는 독일의 소비자·식량 및 농림부 장관이 우수 사례지로 방문할 정도로 공인받고 있다.

"농민시장은 2007년에 문을 열었어요. 총면적 950㎡의 농민시장에서는 4000여 종류의 로컬푸드를 직거래 판매하고 있어요. 직판장 외에도 레스토랑, 허브가든, 빵가게, 지역여행사, 어린이 놀이터, 태양광발전소 등을 복합시설을 함께 운영합니다."

안내원의 설명을 듣다 보면 이 조합의 역할은 사실상 한국의 지역농협의 그것과 다를 게 없어 보였다. 다만 독일에서는 농민 스스로의 힘으로 자치하고, 한국은 사실상 행정이 관치하는 차이가 있을 뿐. 그리고 사업 성과의 수혜자가 독일에서는 농민에게 온전히 돌아가고, 한국에서는 농민은 소외되고 행정이나 농협이 차지한다는 차이가 있을 뿐.

또 조합은 생산자에게 기술지도사를 통해 기술지도를 한다. 한국의 농업기술센터가 하는 일이다. 생산자는 기술지도 비용으로 연 550유로 정도를 지불해야 한다. 그만큼 지불할 가치가 있다고 농민들은 생각한다. 모든 농민은 생산자 조합원의 조합원이 될 수 있다. 조합에서 가공·판매까지 책임지고 감당해주기 때문에 농민은 생산에만 전념할 수 있다. 생산자가 조합에 가입하지 않을 이유가 없다.

농민들이 주인으로 자치하는 슈바츠군 농업회의소

오스트리아 인스부르크 동쪽 35km 지점의 로츠홀트지역에는 농민들이 자치하는 슈바츠 군 단위 농업회의소가 있다. 티롤 주 농업회의소 산하 3개 지역, 9개 시군단위 농업회의소 가운데 하나다. 오스트리아의 다른 농업회의소와 마찬가지로, 농민 기술 지도, 농업정책 지원 등 우리의 농업기술센터의 역할을 대신한다. 오히려 지자체 관할이 아니라 지자체보다 상위의 기관으로 대접받는다. 그러니까 오스트리아에는 우리의 농업기술센터 같은 기관은 굳이 필요 없다.

농민은 모두 농업회의소에 의무적으로 가입해야 한다. 물론 연 40~100유로의 회비도 납부해야 한다. 업무와 책임은 어느 나라의 농정당국과 다를 바 없지만, 6년 임기의 회장은 정규 공무원이 아니라 농민들 손으로 직접 선출한 선출직이라는 특징을 가진다. 오직 농민만 출마할 수 있다. 회의소의 직원은 명실공히 농업 각 분야 전문가로 구성된다. 정년이 보장되는 준공무원 신분이다. 농업회의소의 인건비 등 예산은 전액 정부에서 지원한다. 그러나 간섭하거나 통제하지 않는다.

한국도 역시 농업회의소를 민관 거버넌스의 구체적 대안으로 추진하고 있다. 하지만 성공적인 협치를 위한 전제조건인 행정의 태도 변화는 요원하다. 상근인력의 인건비 등 예산은 지원하지 않고 시범사업만 독촉하고 있다. 행정이 기존의 '갑'의 관성에서 벗어나지 못하고 있다. 슈바츠군의 사례를 따라 할 필요가 있다. 관에서 먼저 목과 어깨의 힘을 빼지 않으면 농업회의소도, 민관거버넌스도 성공할 수 없다.

오스트리아가 이처럼 농민 자치기구인 농업회의소를 전면에 내세워 구현하려는 농정의 기조는 역시 '사람 사는 농촌'이다. '돈 버는 농업'이 아니다. 농업의 규모화나 현대화가 아니라 소농, 가족농이 농촌을 떠나지 않고 살아갈 수 있도록 하는 것이다. "농촌은 온 국

농민들이 선거로 회장을 직선해 자치하는 슈바츠군 농업회의소

민의 휴양지, 농민의 온 국민의 별장지기"라는 철학이 바탕에 깔려 있다.

농업의 10가지 기능, 독일이 농업·농촌·농민을 지키는 이유

헬무트 트락슬러 슈바츠군 농업회의소장은 사운드 오브 뮤직 영화에서 본듯한 오스트리아 전통의상을 즐겨입는다. 그만큼 농촌의 전통문화, 그리고 농부로서의 자긍심이 대단한 것이리라. 농민 출신으로 농민들이 투표로 선출한 직선 회장이다. 독일처럼 오스트리아도 농민이 농촌에서 안정적으로 생활할 수 있도록 지원하는 게 농정의 지상과제라고 강조한다.

"농가소득의 60%에 해당하는 보조금을 지급합니다. 농민이 소를 기르지 않으면 나무가 무성해져 아름다운 농촌문화 경관이 사라지게 되잖아요. 농민이 농촌을 떠나거나 농사를 포기하게 만들면 안되니까요. 그래서 농민의 경관 유지 기능을 인정해 축산농가에 보조금을 지급하고 있는 거죠."

오스트리아에서는 1ha당 160유로, 고산지는 500유로로 차등지급한다. 경사지가 많은 산악지대로 갈수록 더 많이 지급한다. 그만큼 농업이나 주거여건이 열악해 농민들이 더 힘들기 때문이다. 그래서 고산지대인 티롤 지방은 1ha당 800유로까지 보조금을 지급하기도 한다.

황석중 연수단 지도교수는 독일이나 오스트리아 정부가 그토록 농업과 농촌과 농민을 보호하는 이유가 농업의 10가지 기능 때문이라고 설명한다. 그래서 우리도 농업과 농촌과 농민을 지켜야 한다고

주장한다. 10가지 기능 가운데 한마디라도 틀린 말이 있다면 어디 한번 찾아보라. 나는 한 글자도 찾지 못했다.

하나, 농업은 우리의 식량을 보장한다.
둘, 농업은 우리 국민 산업의 기반이 된다.
셋, 농업은 국민의 가계비 부담을 줄여준다.
넷, 농업은 우리의 문화경관을 보존한다.
다섯, 농업은 마을과 농촌 공간을 유지한다.
여섯, 농업은 환경을 책임감 있게 다룬다.
일곱, 농업은 국민의 휴양공간을 만들어준다.
여덟, 농업은 값비싼 공업원료 작물을 생산한다.
아홉, 농업은 에너지 문제 해결에 이바지한다.
열, 농업은 흥미로운 직종을 제공한다.